QUADERNI CENNI

L'ESERCITO DEL DUCATO DI MODENA 1819-1859

Acquarelli di Quinto Cenni dalla collezione
di H. J. Vinkhuijzen

SOLDIERSHOP PUBLISHING

Title: **L'esercito del Ducato di Modena 1819-1859. cod. QC015**
By Luca Stefano Cristini. Tavole a colori di Quinto Cenni. First edition by Soldiershop.
Cover & Art Design: Luca S. Cristini. And Anna Cristini
ISBN code: 978-88-93272384 codice e collana Soldiershop Quaderni Cenni (QC015)

Published by Soldiershop publishing, via Padre Davide, 7 - 24050 Zanica (BG) ITALY. www.soldiershop.com

L'ESERCITO
DEL DUCATO
DI MODENA
1819-1859

QUADERNI CENNI

4

I SOLDATI DEL DUCATO ESTENSE 2

Prefazione

A differenza dei quaderni Cenni già pubblicati, i due volumi previsti sul Ducato di Modena possono avvalersi anche del prezioso supporto di un raro manoscritto del Cenni, fornito al collezionista olandese H. J. Vinkhuijzen, insieme a tutte le bellissime tavole allegate delle truppe estensi, certamente fra i lavori migliori dell'artista modenese che forse ha voluto cosi omaggiare, almeno in parte, la sua amata patria d'origine!

Questo "quaderno" montato come spesso gli capitava su normali quaderni scolastici a quadretti, è formato da oltre ottanta pagine, che noi riportiamo più o meno equamente divise sui due volumi che andiamo a presentare.

Il manoscritto è pieno zeppo di annotazioni di carattere storico relativo alle vicende del Ducato modenese e della famiglia d'Este che tale ducato ha dominato per secoli, ma soprattutto questo libello risulta estremamente interessante per le tante note uniformologiche relative a tale esercito.

La scrittura assai diligente è facilmente leggibile pur contenendo modi ed espressioni oggi in disuso.

Le stesse indicazioni "ottocentesche" abbiamo voluto conservare per le titolazioni di tutte le tavole.

Le tavole stesse sono per l'occasione presentate nella loro massima grandezza possibile, stampate cioè in verticale per una maggiore resa.

Crediamo in questo modo di aver fornito qualcosa di unico e raro ai nostri appassionati lettori, certi che sapranno apprezzare questa nostra nuova pubblicazione.

Dei cinque titoli rimanenti della collezione Quaderni Cenni, vi annunciamo subito che anche quello dedicato alle truppe Cisalpine e cispadane, nate durante gli anni della rivoluzione napoleonica si avvarrà di un manoscritto cenniano!

◀ Ritratto di Francesco IV d'Austria Este, Duca di Modena, Reggio e Ferrara dal 1814 al 1846

L'ESERCITO DEL DUCATO DI MODENA E REGGIO NEL 1859

Nel 1859 l'esercito è costituito da:

- *Compagnia Guardie del Corpo*
- *Reggimento di Linea "Estense" (2 battaglioni)*
- *Battaglione Cacciatori (6 compagnie)*
- *3 Squadroni Dragoni*
- *Batteria d'Artiglieria da Campagna*
- *2 Compagnie d'Artiglieria da Piazza*
- *Compagnia Pionieri del Genio*

L'arruolamento della truppa avviene su base volontaria; gli ufficiali sono formati presso la Scuola Militare di Modena. La fanteria è armata con il fucile austriaco Lorenz mod. 1854; i cacciatori hanno in dotazione la carabina austriaca Console mod. 1838 calibro 18 mm; la batteria da campagna è equipaggiata con 4 cannoni di bronzo da 6 libbre (calibro 95 mm) e 2 obici da 7 libbre (calibro 150 mm). Il 14 giugno 1859 il duca di Modena, Francesco V°, forma la Brigata "Estense" su 2 battaglioni fanteria, 1 battaglione cacciatori, 1 battaglione di riserva, mezzo squadrone dragoni a cavallo, 2 compagnie dragoni a piedi, 1 batteria d'artiglieria a cavallo con 8 pezzi da 6 libbre, 1 compagnia d'artiglieria a piedi, 1 compagnia pionieri del genio, con in totale 3.262 uomini e 229 cavalli.

La Brigata raggiunge Mantova, dove rimane in posizione di riserva allo schieramento austriaco nella Battaglia di Solferino contro i franco-sardi, poi si trasferisce a Bassano del Grappa dove sarà

▲ Truppe modenesi dal 1814 al 1859 (tavola del Cenni)

disciolta il 30 settembre 1863; 156 ufficiali e 955 militari di truppa passano nelle file dell'esercito austroungarico,altri 1.611 soldati, già diminuiti di numero per effetto delle diserzioni, chiedono i congedo.

BRIGATA ESTENSE

Brigata Estense era la denominazione assunta dall'esercito del Ducato di Modena che seguì nell'esilio il duca Francesco V d'Este dall'11 giugno 1859, data della definitiva partenza da Modena, al 24 settembre 1863, data dello scioglimento a Cartigliano nel Veneto. Composta inizialmente da circa 3.600 uomini, contava al momento dello scioglimento su 2.722 effettivi.

Origini

Sin dalla caduta del Regno italico, il restaurato signore del Ducato di Modena, Francesco IV aveva provveduto ad armare un piccolo esercito, cui non mancarono neppure le cure del successore Francesco V, sul trono dal 1846.

La piccola armata era strettamente legata e dipendente dal corpo di occupazione austriaco nel Lombardo-Veneto, ma da essa poterono emergere alcuni eminenti soldati, fra i quali basterà citare Manfredo Fanti, che ebbe un ruolo importante nella nascita dell'esercito italiano.

L'armata acquisì un forte spirito di corpo ed una solida fedeltà alla casa austro-estense. Tanto che Francesco IV poté portarla con sé in occasione della sua fuga a Mantova del 1831, trascinandosi dietro Ciro Menotti in catene. Il figlio Francesco V poté fare lo stesso nel 1848 e poi, nel 1849 dopo la battaglia di Novara, condurre la brigata al seguito del d'Aspre all'occupazione del Granducato di Toscana.

Cessazione del Ducato di Modena

Francesco V dovette compiere la terza, ed ultima, fuga da Modena, l'11 giugno 1859, sette giorni dopo Magenta, mentre l'esercito austriaco abbandonava la Lombardia per portarsi sotto le fortezze del Quadrilatero. Il duca si rifugiò, come precedentemente, a Mantova, in attesa degli eventi. Con l'armistizio di Villafranca Francesco V avrebbe potuto rientrare nei propri domini, ma le popolazioni rifiutarono di accettare la consegna e presero ad organizzare tre nuove divisioni, sotto la guida di ufficiali del Regno di Sardegna, con l'efficiente direzione del Fanti.

L'esercito di Francesco V, tuttavia, non si sciolse, e venne ribattezzato *Brigata Estense*, forte di circa 3600 uomini.

Permanenza nel Lombardo-Veneto

Nei quasi quattro anni di permanenza nella parte del Lombardo-Veneto ancora facente parte dell'Impero austriaco, la Brigata Estense giunse a contare fino a 5'000 effettivi per il sopraggiungere di volontari desiderosi di arruolarsi; giovani dell'ex-Ducato di Modena che preferivano oltrepassare il Po, per porsi al servizio del Duca, piuttosto che rispondere alle chiamate alle armi del neonato Regno d'Italia, ma anche sbandati o appartenenti a famiglie legate alla dinastia da vincoli economici.

Iniziative politiche del duca

Nell'anno 1860 si profilò per questo piccolo esercito la possibilità di essere impiegato al servizio del Pio IX: lo stesso Imperatore Francesco Giuseppe avrebbe caldeggiato questa eventualità rendendo

▲ Mappa del Ducato di Modena nel 1859

disponibile la flotta austriaca per il trasporto delle truppe in Adriatico. Nello stesso anno però gli eventi precipitarono con la spedizione di Garibaldi, l'occupazione del regno borbonico, l'intervento del Regno di Sardegna con il dispiegamento della flotta di fronte ad Ancona e la discesa dell'esercito nello Stato Pontificio. Il progetto del duca non ebbe attuazione e fu definitivamente accantonato.

Scioglimento

Il duca, nella cerimonia di scioglimento avvenuta in Cartigliano (Vicenza) il 24 settembre 1863, decorò i suoi soldati con la cosiddetta *medaglia dell'emigrazione* coniata in bronzo e raffigurante da un lato la sua effigie e dall'altro l'iscrizione: FIDELITATI ET CONSTANTIAE IN ADVERSIS - MDCCCLXIII. Nel pomeriggio della stessa giornata in Bassano, il generale Agostino Saccozzi comandante della brigata, molti ufficiali ed un reparto composto da granatieri del 1º e 2º Battaglione di linea si recarono nella casa dove alloggiavano Francesco V e la Duchessa Adelgonda per consegnare nelle mani del Sovrano le bandiere che come disse *avrebbe conservato sempre con sé senza perdere la speranza di poterle dispiegare nuovamente un giorno fra i suoi fedeli soldati.*

Questo fu l'ultimo atto ufficiale dell'esercito del Ducato di Modena. Ecco la testimonianza di Domenico Panizzi, soldato della brigata:

« Le truppe sfilarono al cospetto dei Sovrani commossi da quella scena straziante (...) Fu vinto d'improvviso il ritegno della militare disciplina ed i soldati, rotte le file, si affollarono intorno alla carrozza della regal Duchessa ed appresso al cavallo dell'armato Sovrano, gridando Evviva ed Addio! »

Nei giorni seguenti si svolsero le incombenze burocratiche relative al trasferimento presso il reparto di destinazione dei militari integrati nell'Armata Imperiale ed al rimpatrio dei congedati, la vendita dei cavalli e di altro materiale e la consegna delle armi negli arsenali austriaci come previsto dagli accordi.

All'atto dello scioglimento, dei 2'722 effettivi ancora arruolati, ben 1'111 (156 ufficiali e 955 militari di truppa) chiesero ed ottennero di entrare a far parte dell'Imperial Regia Armata.

Il 5 ottobre 1863 il Tenente Maresciallo

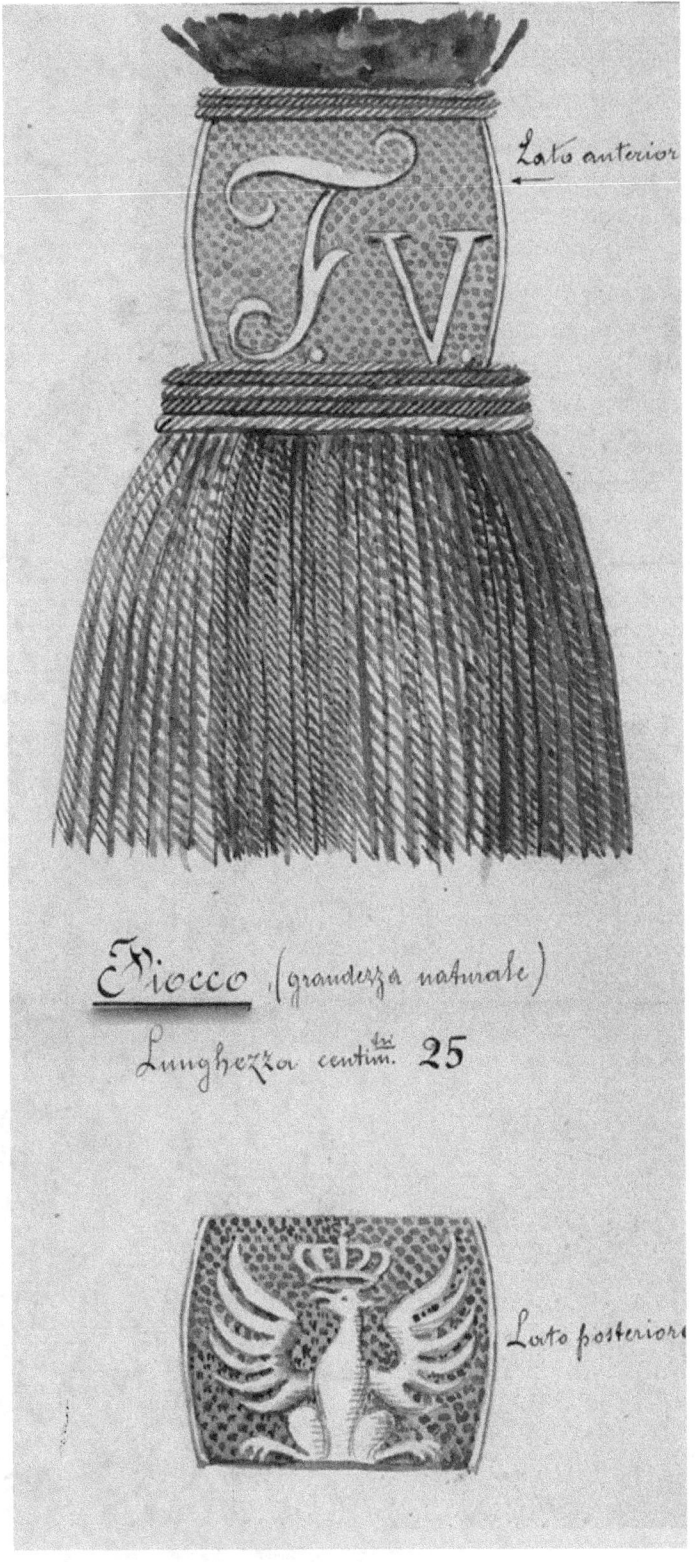

▲▼ Fiocco e fregi del capo tamburo maggiore sotto il duca Francesco V

Luigi Pokorny li accolse con queste parole:

« Quali soldati d'onore avete dato al mondo un raro esempio di forza d'animo, fedeltà ed attaccamento all'Augusto vostro Sovrano. Il destino altrimenti dispose di quanto una tanta fedeltà, eternamente duratura nelle pagine della storia, avrebbe meritato. (...) Dall'Austria i guerrieri di tante nazioni salutandovi, vi chiamano i benvenuti. Io in loro nome vi stringo la mano, e vi consegno la vostra nuova bandiera, pur essa vessillo della legittimità e della religione, ed in cui pure risplende il glorioso stemma estense. »

Le bandiere erano due: la prima in dotazione al I Battaglione di Linea donata da S.A.R. la duchessa Maria Beatrice nell'anno 1820, la seconda in dotazione al II Battaglione di Linea donata da S.A.R. la duchessa Adelgonda nell'anno 1849.

▲Fascia e fregi del capo tamburo maggiore sotto il duca Francesco V

▲ Generale del Ducato di Modena in gran tenuta di gala 1859-1860

QUINTO CENNI
Un soldato che non fece mai il soldato...

Il nostro più grande e prolifico artista militare, Quinto Cenni nacque a Imola, all'epoca sotto il Regno Pontificio, il giorno di Pasqua 20 marzo del 1845 dall'avvocato (o dottore causidico nel volgo emiliano) Antonio e da Maria Sangiorgi, in una famiglia di solide tradizioni cattoliche, patriottiche, ma anche liberali (un cugino, il capitano Guglielmo Cenni, fu infatti un valoroso volontario garibaldino).

Quinto di nome e di fatto, era infatti il quinto dei dieci figli, i più morti prematuramente, che la famiglia Cenni ebbe. Trascorse i primi anni e compì i primi studi nella cittadina romagnola. Ancora ragazzino sviluppò una passione innata per il disegno ritraendo da subito quello che saranno i suoi soggetti per antonomasia, i soldati !

E in quegli anni ritrae principalmente quelli che gli passano sotto gli occhi; militari austriaci e pontifici che attraversano le polverose strade del paese. Alla prematura morte del padre, avvenuta nel 1856, la numerosa prole venne in parte dispersa, e in un primo tempo pare si chiudano per Quinto le possibilità di intraprendere gli studi di disegno, finche si trasferì con un fratello e una sorella a Bologna. Ed è qui, dopo varie tribolazioni, che il nostro consolida la sua vena artistica presto indirizzata negli ideali studi di pittura resi possibili da un generoso sussidio concessogli dalla amministrazione della sua città natia.

Nel 1864 perde anche la madre. Nel 1867 consegue finalmente il meritato diploma e lo stesso anno Cenni si trasferì a Milano che diverrà sua città d'adozione. Sempre del 1867 è il suo primo lavoro noto, oggi purtroppo scomparso, intitolato: "la tumulazione del generale inglese Moore, dopo la battaglia della Coruna in Ispagna".

Nella capitale lombarda egli si perfeziona nella tecnica dell'incisione, iscrivendosi ai corsi di xilografia e litografia dell'Accademia di Brera dove nel 1870 fu premiato per la litografia. Sono di questi anni gli esordi di quella poliedrica e monumentale attività dell'artista nel campo dell'illustrazione grafica. Dapprima collaboratore del periodico Emporio pittoresco, di cui fu il primo illustratore di soggetti a carattere storico-militare, disegnò poi per varie altre riviste come La Cultura moderna, La Lettura Epoca, L'Illustrazione italiana, La Rivista illustrata, Lo Spirito-folletto ed Emporium.

Oltre a lavorare per le riviste si dedicò anche all'illustrazione di libri, come *Niccolò de' Lapi* di Massimo d'Azeglio. la strada è ormai tracciata, Cenni prosegue infaticabile nei suoi progetti artistici ed editoriali, Nel 1870 pubblica il corposo *Custoza 1848-1866* e il numero unico *I Bersaglieri*, dedicato al famoso corpo di fanteria nel cinquantenario della sua costituzione. Negli stessi anni videro la luce anche gli album *L'esercito italiano*, *Eserciti europei* e *Gli eserciti d'oltre mare* editi tutti da Vallardi. Libri oggi molto ricercati da collezionisti di tutto il mondo. Questi primi vennero seguiti da *I Granatieri* (1887), *Nizza cavalleria*, *I Carabinieri Reali* (1894), *Cavalleggeri Saluzzo*, *Lancieri di Firenze* (1898 e 1900), *Avanti l'artiglieria* e *Il Genio militare*.

Quasi sempre editi da Vallardi, ma compaiono anche i primi tentativi di editare direttamente col nome Cenni! In questa nuova veste anche di editore, Quinto Cenni rompe gli indugi e nel 1887 fondò a spese sue *L'Illustrazione militare italiana*, illustrata con tavole e disegni militari. Impresa questa che durò per oltre un decennio terminando appunto nel 1897. *L'Illustrazione militare italiana* valse al Cenni numerosi riconoscimenti, incarichi e una certa notorietà anche fuori dai confini nazionali. l'opera, la più importante realizzata del Cenni rappresentò quanto di meglio si pubblicava allora in Italia in merito alle tradizioni, la storia e la composizione dell'Esercito Italiano. Cenni sperò che questa pubblicazione potesse essere fonte di quel guadagno che gli era venuto a mancare per i dissidi con l'editore Treves.

Il periodico fondato da Cenni, come detto fu accolto con grande favore e diffuso in vari Paesi, dove ebbe abbonati, corrispondenti e collaboratori. Il governo portoghese gli conferì la prestigiosa onorificenza dell'Ordine militare di Cristo. La pubblicazione gli diede molte soddisfazioni, ma purtroppo non quelle economiche.

Ricchissima di notizie, anche relative a viaggi ed esplorazioni. Molti gli articoli di storia militare in particolare relativi a episodi risorgimentali. Fu sempre a seguito di questa opera che il ministero della Guerra italiano gli commissionò un album illustrato sulla campagna del 1859, che venne poi pubblicato a cura dell'Ufficio storico del Corpo di Stato Maggiore col titolo *Album della guerra del 1859*. A questo importante lavoro seguirono poi il numero unico *Aosta la veja*, l'*Atlante militare* dedicato alle uniformi degli eserciti europei del tempo, e *L'Esercito italiano nella nuova divisa* (uniformi del 1910). Tra il 1912 e il 1913 lavorò all'*Album della guerra italo-turca e della conquista della Libia* che fu il primo lavoro italiano di questo tipo pubblicato a dispense, poi riunito in unico fascicolo. Nonostante l'enorme amore e trasporto per le divise e le uniformi, oltre che per tutti gli aspetti della vita militare, Quinto Cenni, il romagnolo naturalizzato milanese, che dedicò tutta la sua vita all'illustrazione del costume militare non vestì mai l'uniforme, non fece mai il soldato. Fu però di fatto un accasermato, poiché non perdeva occasione per stare attorno o nei dintorni di qualsivoglia struttura militare. Sempre molto vicino ai soldati che ritraeva di continuo, passando interi pomeriggi all'interno delle caserme dove, vista la sua fama consolidata, aveva ormai libero accesso, sempre accolto con estrema simpatia.

Quinto Cenni morì in piena prima guerra mondiale il 13 agosto 1917, dopo aver vissuto praticamente tutte le fasi risorgimentali del nostro paese, nella sua casa di proprietà di Carnate in Brianza mentre instancabile stava lavorando alla sua ultima serie dedicata ai Ducato di Modena e Ducato di Parma per il dottor Gustavo De Ridder e per il medico olandese H. J. Vinkhuijzen.

L'OPERA DI CENNI

La vastissima produzione artistica di Quinto Cenni è oggi custodita in parte dalle Istituzioni pubbliche e in parte da numerosi collezionisti privati sparsi per tutto il mondo. In Italia, presso il Museo Nazionale di Castel S. Angelo a Roma sono conservati 288 acquarelli. Questi sono in gran parte gli originali donati dagli eredi Cenni all'allora Presidente del Consiglio Mussolini. Il Museo del Risorgimento di Milano a sua volta conserva oltre un centinaio di acquarelli sui volontari del Risorgimento.

Anche la Pinacoteca civica di Imola conserva qualche campione del suo illustre concittadino.. Ma è soprattutto l'Ufficio Storico dello Stato Maggiore dell'Esercito a possedere la gran massa dei lavori del Cenni. Oltre all'archivio privato dell'artista, una raccolta di moltissimi documenti divisi in vari volumi, dove Quinto e il figlio Italo dopo di lui hanno raccolto appunti e disegni sulle uniformi, sulle armi e sugli eserciti di tutto il mondo e tutte le epoche. Denominato Codice Cenni esso è costituito dalla raccolta dei lavori del Cenni realizzati fra il 1867 e il 1917. Unica nel suo genere, questa preziosa e irripetibile collezione si compone di venticinque album. Sono migliaia di soggetti in più di duemilacinquecento fogli, "soldatini" bellissimi e coloratissimi.

Vere e proprie pere d'arte nelle quali la cura del particolare e la puntigliosa descrizione degli oggetti di corredo e delle varie parti delle uniformi vengono fissate e arricchite spesso da commenti in lapis dell'artista a piè di pagina. Questo enorme dossier contiene anche migliaia di lettere, fogli, cartoline, blocchi per appunti, pagine di quaderno ricoperti di una scrittura inconfondibile, stralci di regolamenti, repertori militari, prescrizioni, opuscoli e circolari; molti fogli riportano schizzi, disegni, bozze di lavori e altro prezioso materiale fondamentale per ogni studioso di uniformologia.

LA COLLEZIONE VINKHUIJZEN

Recentemente, 50 acquerelli di Quinto Cenni sul Ducato di Parma al tempo di Maria Luigia, dei quali non si conosceva l'esistenza, sono comparsi in mostra al Museo di New York. Essi facevano parte della grandiosa collezione del già citato medico olandese H. J. Vinkhuijzen. Questi, un appassionato cultore di iconografia militare era un contemporaneo del Cenni, visse infatti fra il 1940 e il 1910.

Collezionista eccentrico, il Dr. H. J. Vinkhuijzen, iniziò la sua carriera come medico dell'esercito olandese fino a diventare medico ufficiale di corte del principe Alessandro dei Paesi Bassi. La sua vasta collezione arrivò a contare oltre 32.000 soggetti. Moltissimi e pressoché sconosciuti quelli realizzati espressamente per la sua collezione da parte di Quinto Cenni. Dal 1911 la collezione è stata donata alla New York Public Library dal sig. Henry Draper erede del medico olandese. Ed è questa collezione a costituire la gran massa dei **Quaderni Cenni** che Soldiershop ha in corso di pubblicazione. Ogni immagine ha subito una rigorosa pulizia e ri-classificazione per fornire agli appassionati di storia militare e costume un opera complete e agevole, di notevole importanza per gli studiosi di uniformologia e non solo.

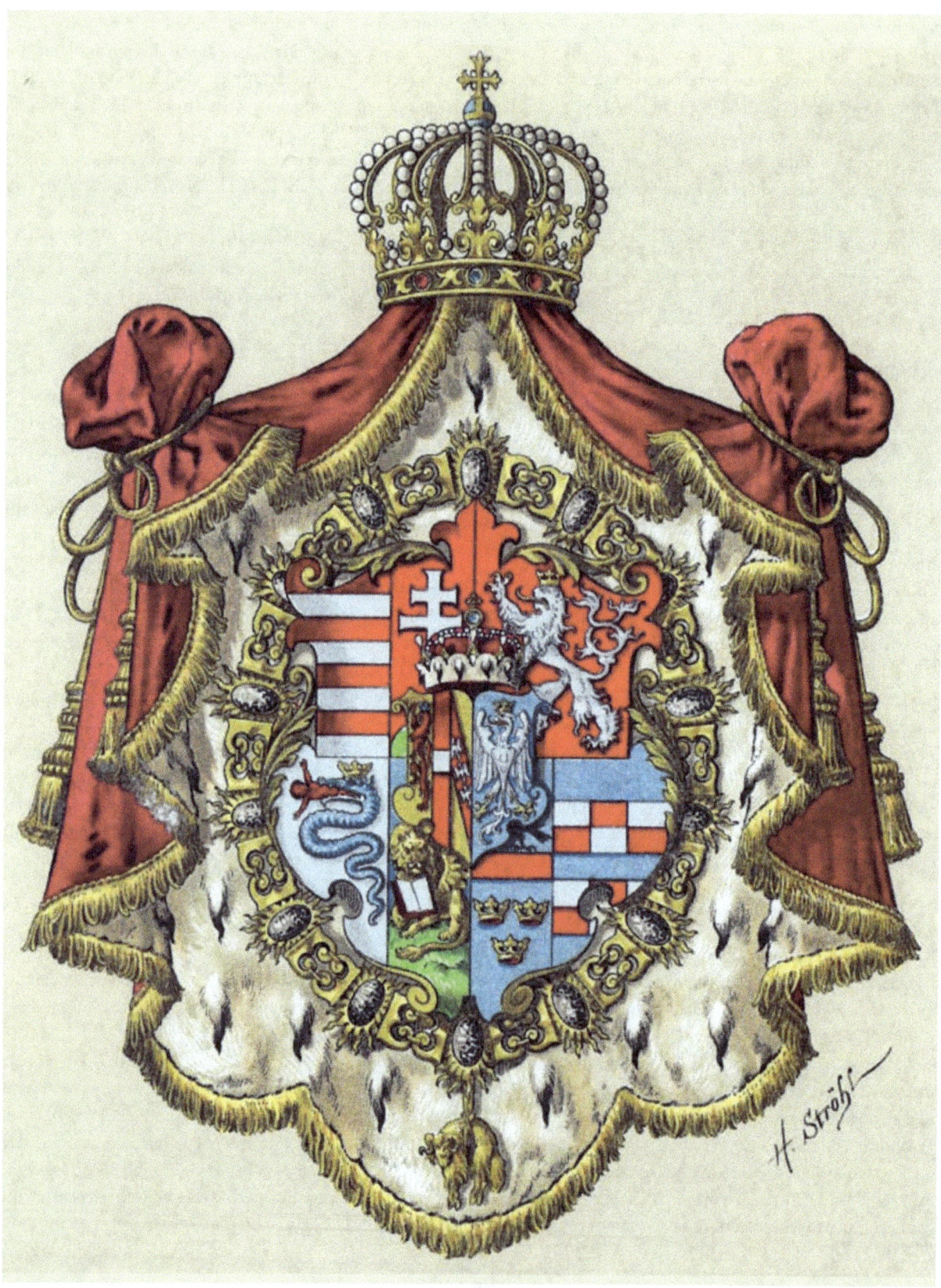

Il Ducato di Modena
e le sue milizie
Seguito: Aprile 1814 - Febbraio 1831

Caduto in aprile 1814 il grande impero Napoleonico e con esso il Regno italico nel quale era compreso il territorio dell' ex Ducato di Modena, questo fu di nuovo immediatamente ricostituito e venne assegnato ancora alla Casa d'Este, la quale ne era stata leggittima sovrana dal 1658 al 1796, fino al momento, cioè di esserne spodestata dal rapido succedersi d'avvenimenti politici, contrari affatto ad ogni genere di sovranità. Però la linea diretta della detta Casa essendosi spenta nel 1803 in persona del duca Ercole III, la successione cadde nella arciduca Francesco d'Austria, figlio dell'Arciduca Ferdinando e della vivente Arciduchessa Maria Beatrice Ricciarda d'Este, figlia del detto Ercole III e duchessa di Massa e Carrara. Salendo al piccolo trono di Modena l'arciduca Francesco d'Austria prese il nome di

Francesco d'Austria d'Este
Duca di Modena, Reggio, Mirandola, Carpi ecc ecc ca

Prima che il nuovo Sovrano prendesse personalmente possesso dei suoi Stati fu istituita in Modena una Reggenza Provvisoria, della quale fu messo a capo il t. maresciallo austriaco c.te Guicciardi. Questi si preoccupò tosto di formare pel momento un corpo di "truppe ducali", tanto per mantenere il buon ordine in questi stati fino all'organizzazione di un vero e proprio esercito, quanto per rendere il dovuto onore al nuovo Sovrano allorchè esso vi avesse fatto il suo solenne ingresso.

Unica forza armata nel Ducato era rimasta quella della Gendarmeria e vi erano in più le Guardie Nazionali dell'ex Regno Italico che nessuna legge aveva ancor soppresso e pochi invalidi e veterani. Si pensò adunque di trar partito dei pochi individui uniformati di quella Guardia e se ne trassero due compagnie per Modena, che furono dette: Compagnie scelte ed una in Reggio che ebbe il nome di Granatieri scelti; inoltre si pensò di formare un "Battaglione Volontari di Francesco IV"; si gettarono le basi per la formazione di un "Battaglione di Linea", si diede il nome di "Dragoni" ai Gendarmi e si trattennero in servizio non soltanto i Veterani ed Invalidi, ma anche quanti, specialmente ufficiali, dell'antico esercito e milizia vollero prestarsi, sia per amore alla Casa d'Este od ai vecchi sistemi, sia per la tutela sempre necessaria – perchè sempre in pericolo in tali movimenti politici – del buon ordine pubblico. Intanto anche il Corpo delle Guardie Nobili d'Onore andava organizzandosi da sè, sotto le sue particolari discipline, indipendenti sempre da quelle generali dell'Esercito.

Il primo corpo armato del quale si trova menzione nei documenti d'archivio è quello del Battaglione Volontari (7 maggio); poi vengono le due Compagnie scelte di Modena (11 giugno); segue la compagnia de' Granatieri scelti di Reggio (15 settembre) ed infine, il Battaglione di Linea che è rammentato al 21 giugno per i suoi Disertori, ma che si capisce non esser stato definitivamente organizzato che al 15 settembre, esso pure al pari di tutti gli altri corpi che formar dovevano il nuovo piccolo esercito Estense, e, cioè: Comando generale e Uffizii – Comando di Piazza – Compagnia Dragoni – Batt.ne di Linea suddetto, – Battaglione Urbano (costituito colle suddette compagnie scelte di Modena e di Reggio) Compagnia Invalidi e Veterani – L'Esercito così costituito poteva annoverare:

(V. Tavole: XLVII, XLVIII, XLIX, L, e LI)

del Battaglione di Linea compagnie	6
degl'Invalidi e Veterani "	1
dei Dragoni "	1
del Battaglione Urbano "	4
Totale Compagnie	12 – Uomini 1400

Il comando del piccolo esercito fu affidato al general maggiore marchese Campori (di Modena); ma era appena formato che corse quasi subito il pericolo di venir sciolto in seguito al voltafaccia politico di Re Murat, che, da amico dell'Austria, le si fece improvvisamente nemico al principio del 1815, costringendo così il duca Francesco IV ad abbandonar i suoi stati (di quali aveva preso solenne possesso fin dal 15 luglio) sebbene per pochi giorni, del gennajo di detto anno.

Passata quasi che subito la piccola bufera murattiana, il Duca rientrò ne' suoi stati seguito dal suo battaglione di linea, il quale passò oltre e si mise, unitamente agl'Austriaci, al perseguimento del già demoralizzato esercito di re Murat e la ricostituzione delle forze Estensi proseguì da allora non più disturbata.

Così in Marzo 1815 si formò il corpo del Genio e si provvide poi alla miglior sistemazione dà corpi già esistenti, mentre in Luglio (22) il battaglione di linea ritornava dalla campagna contro il re di Napoli e s'avviava immediatamente per quella di Francia; ed in agosto si pensava a formare una Banda musicale stabile ed in ottobre (13) si ricostituiva il Corpo d'Artiglieria, onde al 1º gennajo 1816 l'intiero piccolo esercito era definitivamente costituito come

segue: Corpo Reali Dragoni
Battaglione di Linea
Compagnia Veterani   pei quali vedansi le Tavole: LII, LIII, LV.
Battaglione Urbano
Corpo d'Artiglieria
Corpo del genio

Nel 1816 si determinarono le uniformi dei medici e chirurghi, ufficiali d'amministrazione, ed impiegati militari (Tav. LIV.) - Da questo anno il Ducato di Modena fornisce il presidio al ducato di Massa e Carrara.

Nel 1817 si provvede alle milizie Foresi, ai Veterani ed invalidi ed ai giubilati (V. Tav. LIV e LVI).

Nel 1818 si allargò l'organico del Corpo Dragoni Reali, portandolo da 120 uomini a 212, y si presero disposizioni per i corpi politici delle Guardie di Finanza e Guardaboschi (Tav. LVII e LVIII) e si aumentò il Corpo Urbano di un battaglione, risultando così composto di 2 battaglioni: uno di Modena, l'altro di Reggio, con aggregazione ai medesimi di tutte le milizie Foresi dello Stato e cioè in totale, fra Urbani e Foresi, uomini 3,099. (V. Tav. LIV e LVI).

Nel 1819 gl'Ufficiali del Genio cambiano la propria uniforme e l'Artiglieria assume i distintivi in oro anziché in argento ed i pantaloni turchini in luogo di quelli grigi - Si determinano pure anche le uniforme degl'ufficiali giubilati (pensionati) (V. Tav. LVIII e LXIX.)

Nel 1820. Viene data una nuova bandiera al Batt.ne di linea (31 Maggio) (V. Tav. LX).

Nel 1821. I Pifferi sono soppressi ed aggregati alla Banda musicale (30 Marzo).

Nel 1822 Si dà una nuova tenuta agl'ufficiali delle Milizie Foresi; si cambia la piccola uniforme degl'Ufficiali del Comando di Piazza e si stabiliscono definitivamente le basi e l'ordinamento dell' Accademia Nobile Militare Estense per il reclutamento delle Guardie Nobili d'onore; (11 luglio) già istituita il 25 Dicembre dell'anno avanti: si assegna un uniforme particolare per gl'ufficiali di cavalleria giubilati e che hanno servito il duca Ercole III. (16 Marzo) e per quelli delle altre armi e corpi compresi i Batt.ni Urbani e si crea la Compagnia dei Pionieri composta tutta di operai e maestranze (1.° Maggio) (V. Tavole LVIII, LIX, LX.)

Nel 1823 Si accorda agl'ufficiali d'artiglieria di portare il Sakò invece del capello (25 gennajo), si dà il bastone come distintivo (dei Cannonieri di 1.ª classe (3 Febbrajo) y si prendono varie determinazioni sopra l'uniforme della Banda musicale civile di Castel=

nuovo di Garfagnana. In Maggio si stabilisce l'uniforme dei Pionieri. In agosto si creano i Cadetti matematici per il detto corpo dei Pionieri ed in Ottobre si danno i tabarri (mantelli) ai Veterani ed alle Sentinelle, ma questi tabarri non vengono rappresentati in alcun modo perché non si è trovata alcuna descrizione della loro forma e colore (V. Tav. LVIII, LIX, LXI).

Nel 1824 (17 giugno) si distribuiscono nuove armi al Battaglione d'linea.

Nel 1826 (Aprile 4) si determinano gl'onori militari da rendersi alle processioni sacre.

Nel 1827 (6 Dicembre) si stabilisce un nuovo uniforme per la Musica militare (V. Tav. LVIII)

Nel 1828 (5 aprile) si prendono alcune disposizioni per le uniformi dei Trabanti di Palazzo, la cui creazione si capisce che deve rimontare a qualche anno prima.

Nel 1829 muore la Duchessa di Massa Carrara, madre del Duca; e lo Stato di Massa e Carrara passa secondo gl'accordi del Congresso di Vienna 1815, a far parte del Ducato di Modena. Disposizioni per il lutto nell'esercito (V. Tav. LXIII)

Nel 1830 (15 febbraio) si adottano le nuove bandiere pei forti e per i bastimenti di ragione sovrana (V. Tavola X).

E, finalmente, nel 1831, alli 6 di Febbraio, scoppia la rivoluzione ed il Duca fugge verso Mantova sotto la protezione di parte del suo esercito, ricoverandosi sotto le paterne ali dell'aquila bicipite (Austria) (V. Tav. LXIII).

(Lombardo Veneto)

(Parma)

o Mirandola

o Reggio

(Stati Pontifici)

⊙ Modena

(Piemonte)

Bagno

Ducato di Modena

(Genova)

Ducato di Massa e Carrara

Mar Tirreno

(Lucca) (Toscana)

Segue la descrizione delle Tavole.

SPIEGAZIONE DELLE TAVOLE

TAV. XLVII. *Reggenza Provvisoria degli Stati Estensi. – I primordi del redivivo Esercito Estense.*

N. 1 Ufficiale dello antico *Stato Maggiore delle Guardie a piedi* 1799. 2 Id. id. *Di° Volontari Urbani* id. 3 Id. id. *Legioni di Milizie* 1ª id. 4 Id. id. id. 2ª id. 5 Ufficiale della compagnia *Granatieri scelti di Reggio* (Guardia Nazionale). 6 Id. delle *Compagnie scelte di Modena* (id.). 7 Portiere – 8 Sergente delle *Compagnie scelte di Modena* (G. Nazionale) – 9 Caporale id. (id.) – 10 Tamburino id. (id.) – 11 *Battaglione Volontari "Francesco IV°"* Primo progetto d'uniforme (verde, giallo) – 12 Id. secondo id. (blu e giallo) – 13 Id. Terzo e definitivo id. (blu e bianco) – 14 *Battaglione di Linea* – 15 *Milizia della provincia di Modena* 1799.

La scena rappresenta uno di quei momenti di effervescenza politica per cambiamento di Governo, nei quali vengono fuori, con o senza permesso, i più ~~usati~~ disusati uniformi militari e si accetta volentieri il concorso di vecchi elementi militari non più in servizio regolare ma ancora validi (n. 1 a 4 e 15). I distintivi di grado dei nuovi corpi si trovano nel cappello: (cappiello ▯, fiocchi 🖌️) e nelle dragone.

Maggio – Agosto 1814

(argento per ufficiali
seta per sottoufficiali
lana per caporali)

(argento a vermiglioni per ufficiali superiori
argento e turchino seta per sottoufficiali
lana e ~~cuoio~~ bianco per caporali
(dragona per soldati)

(Lo sfondo rappresenta la Serra del Giardino Ducale il quale è aperto al pubblico)

TAV. XLVIII. *Governo Ducale (e così di seguito). – Un'uscita solenne del Duca dal Palazzo Ducale.* N. 1 Il Duca Francesco IV d'Austria-Este. 2 General maggiore – 3 Id. com.te le Guardie Nobili d'Onore – 4 Generale Brigadiere 5 Id. Aiutante di campo Generale di S. A. R. 6 Colonnello com.te il Batt.ne Urbano. 7 Comandante di Piazza di Modena. 8 Compagnia del Battaglione di Linea con bandiera, che rende gl'onori. Agosto Dic. 1814

La scena rappresenta il Palazzo e la Piazza ducale di Modena eseguiti su fotografie, disegni e reminiscenze del vero. L'uniforme è di tipo austriaco; ai fiocchetti dei capelli sono sostituite le rosette (dette anche, a Modena, polpette). Le rosette sono eguali ai pomponi ma sono in oro od in argento secondo il metallo dei rispettivi bottoni, mentre i pomponi sono sempre in turchino e bianco perchè fanno ufficio di coccarda (il Duca era ricchissimo ma molto economo). Una cinta in seta d'oro passa sopra l'uniforme dei generali e superiori, i quali perciò risparmiano la sciarpa. Il Duca ha la decorazione del Toson d'oro ed altre due. e nella gualdrappa non porta la propria cifra ma lo scudo della sua Casa Ducale.

Le rosette sono eguali ai pomponi ma più piccole e d'oro o d'argento secondo il bottone. Ufficiali superiori il gallone del capello.

TAV. XLIX. *La coda del seguito del Duca (seguito alla tavola precedente). Guardie Nobili d'Onore* N. 1 Ufficiale comandante. 2 Porta bandiera. 3,3,3,3 Guardie Nobili (Tenenti e sottotenenti) 4 Id. in alta tenuta di servizio a corte. 5 Id. in tenuta ordinaria. 6 Dragone prima tenuta (in cappello) Agosto Dic. 1814

Ha luogo nella gran corte del Palazzo Ducale – Le Guardie Nobili rompono la marcia per due al seguito dello Stato Maggiore del Duca – In fondo, a finestre, un dragone col capello come era stato proposto in principio —— In questa tavola le Guardie Nobili hanno i fiocchetti al capello in luogo delle rosette. Forse misero le rosette più tardi degl'altri corpi – esse ebbero però un loro regolamento a parte. Il fondo è preso da fotografia.

TAV. L. *Compagnia Dragoni* – N. 1 Comandante (ufficiale superiore) 2 Capitano in 2ª. 3. 1° Tenente – 4 Sottotenente ~~in mantello~~ 5 Maresciallo in capo – 6 Brigadiere di cavalleria. 7 Id. di fanteria. 8 Trombet.

(1) Ciò deve intendersi soltanto per gl'ufficiali senza truppa. Quelli di fanteria ed urbani portavano la sciarpa.

liere di fanteria). 9 Dragoni a piedi. 10 Id. a cavallo. 11 Id. col mantello bianco. 12 Id. col mantello di panno mischio (color misto) 13 Id. in tenuta di tela e beretto.

Scena di caserma. La compagnia è mista e cioè: ha il comandante, il primo tenente, il marsciallo, 3 brigadieri 24 Dragoni a cavallo - il capitano in 2ᵒ, 2 Sottotenenti, 12 brigadieri il trombettiere - 75 dragoni a piedi. l'elmo fu dato il 19 ottobre - il tabarro bianco (mantello senza maniche all'austriaca) il 15 novembre, ma si dovette contemporaneamente fare l'esperimento di un mantello a maniche di color mischio, perchè questo capo di vestiario è rammentato al 17 novembre ed è portato dalla Regolamento del 15 gennajo 1815 - 9 dragoni a piedi indossavano cappotto di panno mischio - gl'ufficiali mantello turchino come l'abito.⁽¹⁾ N.B. al mantello si dà il nome di "tabarro"; al cappotto quello di "sortiè". — Ottobre, Novembre dicembre - 1814

⁽¹⁾ Gl'ufficiali portano anche cappotto e spadino in tenuta di città ———

TAV. LI Compagnia Invalidi e Veterani

N°1 Ufficiale uniforme sotto la Reggenza Provisoria di Governo - 2 Sottoufficiale e Piantone di Comando di Piazza id. — 3 Ufficiale della Compagnia colla nuova uniforme 16 dicembre - 4 Sottoufficiale Invalidi id. 5 Tamburino id. 6 Invalido in cappotto e beretto id. — 7 Ufficiale Invalidi colla successiva uniforme 1816 - 8 Caporale Veterani id. - 9 Veterani id. 10 Invalido id. 11 Id. in p. tenuta di quartiere id. 12 Figlio di Truppa.   Marzo 1814 - 1815 - 1816

Scena di Quartiere — Per economia di spazio ecc, specialmente trattandosi di cose di poca importanza, si sono riunite qui due qualità di un Corpo solo, cioè Invalidi e Veterani e tre epoche 1814 -1815 e 1816 in un solo quadro. In principio - cioè sotto la Reggenza Provisoria di Governo (Marzo-Agosto 1814) - l'uniforme era turchino scuro colle mostre bianche e gl'individui del Corpo — meno di 30 in tutto - servivano da Piantoni alle porte di Reggio e di Modena ed erano tutti sottoufficiali, mentre i pochi ufficiali esistenti o servivano in qualche ufficio come l'armeria Ducale, l'Uditorato, il Segretariato e o se ne stavano a casa. Costituitasi la nuova Compagnia Veterani in Settembre-Ottobre 1814, questa fu composta promiscuamente di Veterani e d'Invalidi. Le fu assegnato l'uniforme dei n.ⁱ 3 ab e risultò composta di 3 sergenti, 4 caporali, 4 sotto caporali, 1 tamburo, 48 comuni oltre gl'occorrenti ufficiali. L'uniforme poi a bianco tirante al grigio, cioè "cenerino" non avendo fatto buona prova fu nel 1816 cambiato in grigio deciso con filettature bianche.

Il tamburo portato dalla figura 5 è preso dal vero nell'armeria del Castello di Costa di Mezzate (Camozzi-Vert ed è, per l'epoca di cui qui si tratta, un oggetto disusato, ma che poteva ancora servire benissimo per il servizio di un Corpo che si intratteneva solo per rispetto alle antiche consuetudini. La fig. 12 (Figlio di truppa) non risulta dall'"organico" ma serve come di riempitivo e d'altronde data l'usanza dei tempi, probabilissimo, in ogni modo di una importanza minima.

TAV. LII Battaglione di Linea ("Battaglione Estense") N.1 Maggiore comand

2 Ajutante maggiore 3 Capitano e rispettivi tenenti e sottotenenti della comp granatieri - 4, 4, 4, 4, 4 Capitani delle altre compagnie coi rispettivi tenenti e sottote nenti. 5 Bandiera. 6 Chirurgo maggiore. 7 Sotto chirurgo. 8 Capellano 9 Tam-

burino maggiore ("Capo tamburo") 10 caporale profosso —(seguono in linea di batta

glia i tamburini di fucilieri e di granatieri e la compagnia granatieri che tiene la dritta

del battaglione)   — 1814-1816 —

La scena è all'aperto (si può supporre un angolo di Piazza d'Armi). La formazione definitiva del Batta

glione porta la data del 15 settembre 1814. A tale data il Battaglione si componeva di 6 compagnie,

composte, ognuna, di : 1 capitano, 1 tenente, 1 sottotenente, 1 sottotenente banderale [1]

       3 Sergenti, 6 caporali, 6 sotto caporali, 2 tamburi

       81 o' 82 comuni ——— Tot. 101+5 ——— 606

  Stato maggiore: 1 Comandante, 1 ajutante maggiore (capitano in 2a) 1 Chirurgo maggiore ——— 606

           1 Sotto Chirurgo — 1 Capellano ——————————————— 5

  Stato minore 1 Foriere, 1 Capo tamburo, 1 caporale profosso, 1 garzone profosso ——— 4

                                   Totale 615

                L'Uniforme nei primi tempi (Luglio-Sett. 1814) era turchino oscuro, senza filettatura

al petto — ma il 29 settembre questa filettatura gli fu concessa ed il 15 novembre (sempre del 1814) gli uf

ficiali ottennero di aggiungere alle falde dell'abito 4 aquile in argento. La distinzione dei gradi era:

1 sakò, come segue:

2 dragone

  Il Foriere ed il Profosso portavano il capello

  Comandante e Chirurghi il capello era come risulta dalle figure 1a, 6 e 7.

  La sciarpa era all'austriaca ed in bianco e turchino. così —————————————

Al 10 Ottobre 1814 fu assegnato al capo tamburo un cappotto di panno

    grigio ferro — anziché grigio misto come il resto del battaglione.

Al 10 dicembre 1814 si assegna ai Piffen [2] una tracolla turchina orlata di bianco

E, finalmente, la compagnia granatieri, non ancora esistente in principio, riceve soltanto nel 1816

il berettone a pelo per distintivo, ritenendo però per le circostanze ordinarie il sakò. In seguito

poi di tale modificazione, dovendosi dare un distintivo a tali sakò da granatiere, si lasciò ai medesimi

la mentoniera di metallo   e la si tolse a quelli dei fucilieri a quali fu data di cuoio

     (ottone)

Al principio del 1816 il Battaglione di Lucca era costituito come segue:

  Stato maggiore — 1 Colonnello com.e, 1 Maggiore, 1 Tenente aj. magg., 1 Chirurgo, 1 Capellano ——— 5

  Stato minore — 1 Capo musica, 18 Musicanti d'alta musica, 2 Musicanti, 4 della Bassa Musica

           1 Tamburo maggiore, 1 Sergente profosso, 1 garzone profosso ——— 24

  6 compagnie con ognuna, : 1 Capitano, 1 Tenente, 1 Sottotenente, 1 Sottotenente banderale [3]

       3 Sergenti, 6 caporali, 6 sotto-caporali, 2 Tamburi, 1 Piffero [4] 22 = 132

       82 Granatieri (compagnia granatieri) ——————————— 82

       102 fra Cadetti e Fucilieri per ogni compagnia - 102 ——— 510

           (5)   5|510   510

                                 753

Questa forza viene poi ridotta a 582 mediante la diminuzione di 20 granatieri

                    e di 30 fucilieri per ogni compagnia

Concludendo: La Tav.a LIII rappresenta lo stato esterno (uniforme) del Battaglione di Lucca nel perio

do 1814-16 raffigurando, insieme composti, elementi di varie epoche) La Tav.a LV darà alcuni complementi

secondari di tale rappresentazione.

————————————————————

(1-3) Sottotenente Banderali — Ve ne era uno per compagnia. Nasce quindi il dubbio che vi potessero

    essere 6 bandiere e cioè una per compagnia come anticamente, ma nel 1814-16 è difficile am

    mettere la permanenza di un tale uso. Più probabilmente quindi tali sottotenenti banderali

    dovevano portare la bandiera per turno, oppure (e questo è più probabile ancora) essi formavano la

    classe dalla quale soltanto si prendeva il p. bandiera per anzianità o per altro motivo.

(2-4) Ignota l'epoca dell'assunzione dei Piffen, ma certamente nel novembre o dicembre del 1814.

(5) Cadetti. Ignota pure la data di creazione di questo grado, ma la si può mettere, senza sbaglio, al principio del 1815

TAV. LIII *Battaglione Urbano* e *Milizie varie*. N.1 T. Colonnello comandante. 2, Maggiore (in mantello). 3, Capitano (in cappotto *sortù*). 4, Granatiere. 5, Tamburino. 6, Banda. 7, Ufficiale della compagnia Granatieri scelti di *Reggio* (*Milizia Urbana*). 8 Granatiere id. - 9 *Milizia forese* di Modena. 10 Id. di *Reggio*. 11 antica Legione di Milizia coll'uniforme del 1799. - 1814-1816-

Per sfondo di scena si dà il paese di Bagno il cui lungo campanile fu da me copiato dal vero nel 1887. Tale paese si trova ai confini dello Stato colla Toscana e collo Stato Pontificio. — Il Battaglione Urbano ebbe una prima organizzazione il 15 settembre e la sua forza doveva essere di 399 uomini divisi in uno stato maggiore - 3 - e 4 compagnie di forza varia, in tutto 396 uomini, totale generale 399. Le compagnie si denominavano: di Modena, di Reggio, di Carpi e Coreggio e di Mirandola e Finale e ogni compagnia aveva un solo ufficiale, un 1° sergente, un 2° sergente, 5 caporali, 5 sottocaporali, 2 tamburi 98 a 100 comuni. Non facevano servizio continuato nè tutto intero, ma era assunto in servizio per turno di squadra con un tamburino e sotto il comando di un sottoufficiale: — al 23 maggio del 1815 il Battaglione Urbano ebbe una nuova organizzazione, la quale fu la seguente:

Stato Maggiore: 1. Tenente colonnello comandante - 1 ajutante - 1 chirurgo — 3
Compagnia assoldata, di Modena ————————————————— 110
   "   "   di Reggio (Granatieri scelti) ——————————— 50
   "   non assoldata, di Carpi ————————————————— 72
   "   "   di Correggio ——————————————— 72
Banda ————————————————————————— 12
Compagnia del Finale ————————————————————— 72
Banda ——————————————————————————— 12
                                              Tot. uni. 405

(Non vi era Stato minore perchè il servizio essendo fatto per squadre o per compagnie non occorrevano capo tamburo, nè forieri, nè profossi)

In agosto del 1815 si penso di formare una Banda, cioè una musica, stabile, del Battaglione, la quale avesse sede in Modena e si stabilì di giovarsi per essa dell'uniforme della musica, allora allora soppressa, del Finale (v. n° 6) e che aveva raggiunto in ultimo il n° di 18 individui, e così si fece. Ma il Duca, fedele alla massima di spendere il meno possibile, volle che a tale uniforme bleu scuro, bleu chiaro ed arancio si mischiasse del bianco (distintivo del battaglione di linea) n cosichè al caso potrà servire anche pel Battaglione Estense n (cioè di linea). Non abbiamo alcun documento che ci dia la descrizione dell'uniforme della banda così modificato; sappiamo soltanto che in data del 24 aprile 1816 le furono assegnati i pantaloni e le ghette di tela bianca per l'uniforme estiva. Essa Banda era stata aggregata definitivamente alla compagnia stabile di Modena del battaglione urbano in data del 19 e 31 agosto 1815.

In quanto al n° 7 (Granatieri scelti di Reggio) il loro berettone a pelo con n festone n orange (arancia) a bordo bianco è rammentato come cosa già fatta in un documento del 24 ottobre 1815. n Il n° 9 (milizia forese di Modena) è più precisamente il corpo Miliziotti di Nonantola (Provincia di Modena) rimesso in piedi colla vecchia uniforme del 1799 per motivi d'ordine pubblico.

Infine i n° 7 e 8 sono sempre i granatieri scelti di Reggio modificati nell'uniforme con decreto del 18 ottobre 1814.

Concludendo abbiamo pei Granatieri scelti di Reggio 1ª uniforme Marzo-Ottobre 1814 — Tav. XLVII N° 5
                                        2ª   "   Ottobre 1814 Ottobre 1815 - " LIII " 7 e 8
       e per gl'Urbani in genere —— 3ª   "   Ottobre 1815 —————— " 9
                                        1ª   "   agosto 1814 —————— " XLVII " 6
                                        2ª   "   " " -1816 ————— " LIII " 1 a 6

TAV. LIV. *Uffici militari* - *Genio* - *Pensionati*. *Impiegati militari*. N.1 Comando di Piazza (T. Col.° com.te la Piazza di Modena 1814 Marzo-Agosto). 2 Comando di Piazza Sett. 1814-18

3 Ufficiale commissario (25 ottobre 1814) - 4 Ufficiale del Genio (11 marzo 1815) - 5 Impiegato militare (17 Settembre 1816) - 6 Medico principale dei Corpi (23 Sett. 1816) - 7 Ispettore e Di-
rettore dell'Economato Militare (id.) - 8 Ufficiale giubilato di cavalleria (3 marzo 1817) - 9 - 10
Ufficiali giubilati (pensionati) con uniformi di capriccio e soltanto tollerati (Marzo 1814 - 1817).

1814 - 1817

Si rappresenta un ritorno lungo i viali di Piazza d'Armi di Modena da una festa pubblica. A destra e sinistra civili e truppa.
Si osservi che pensionati, commissari ed impiegati hanno la dragona in argento anziché in oro perché quest'
ultima è riservata ai soli corpi attivi; così pure non hanno la sciarpa riservata ai soli ufficiali con truppa.

TAV. LV. Battaglioni "Estense" ed "Urbano", Banda musicale, Artiglieria, Dragoni. N. 1 Ufficial superiore del Batt.ne "Estense" in p.a tenuta 1816 - 2. Cadetto id. in grande tenuta di libera
uscita 1816 - 3. Id. id. in tenuta ordinaria di servizio 1816 - 4. Musicante d'alta musica nella
nuova grande tenuta (19 dicembre 1818) - 5 Id. id. tenuta ordinaria (id.) - 6 Caporale della compagnia granatieri "Battaglione Estense" in tenuta ordinaria (in sako) 1816 - 7. 8. 9. 10 Soldati del
detto Battaglione in cappotto ed in diverse tenute di quartiere (8 in giacchetta di panno bianco, 9
in saro di tela, 10 in giacchetta di mezzalana bianca, tutti con stivaletti (ghette) di tela bianca) 1816. 18 - 11
Caporale granatieri del "Battaglione Urbano" grande tenuta (1815-18) - 12 Ufficiale d'artiglieria
(15 Ottobre 1815) - 13 Sergente, 14 Caporale, 15. 16. 17 Soldati in tenuta ordinaria (senza pettorina nera),
in cappotto ed in giacchetta bianca e beretto (Artiglieria 1815) - 18 Dragoni Reali, in giacchetta turchina e nuovo spadone montato in cuoio ed ottone (24 febbrajo 1815 - e 1816) - 19 Id. in giacchetta bianca senza
maniche (1818) ——————— 1815 - 1818 —

Interno di quartiere; Il Corpo d'Artiglieria si componeva: di 1 capitano com.to (ed Ispettore dell'Armeria)
(Il Corpo del Genio numerava 1 Maggiore com.to   1 Tenente ——— (ed Intendente " "
                               1 Capitano   1 Sergente Cadetto
                               1 Capitano-Tenente   1 Caporale
                               1 Tenente   12 cannonieri   N.B. L'alta musica veste sorta di pan-
                               Totale 4)   Totale 16   no grigio, anziché il cappotto ordi-
                                                                                  nario di truppa.

TAV. LVI Milizie Urbana e Forese - Guardie di Finanza e Guardaboschi - 1 Ufficiale di Milizia
Forese (paesana, del Contado) con vecchia uniforme del 1799 ancora tollerata - 2 Capitano della
Compagnia assoldata dei granatieri del nuovo Battaglione Urbano di Modena 3 Tenente
di Fucilieri del nuovo Battaglione Urbano di Reggio. 4 Sergente del Battaglione Ur. di Mo-
dena. 5 Piffero id. id. - 6. 6. Tamburini id. id. 7 Tamburrici 13 - (comp. granatieri) - comp. Fucilieri - 8 Milizia
Forese volontariamente uniformata - 9 e 10 Id. colla sola placca nel capello. 11 Guar-

...dia di Finanza. Sotto capo (caporale). 12 Guardaboschi.

1817-1818

La scena rappresenta uno dei dintorni di Carpi della quale si vede al di là del muro l'altissima torre-campanile. Fu nell'anno 1818 che il Governo Ducale accrebbe (con decreto del 1 luglio) la forza della truppa urbana portandola da uno a due battaglioni, il primo, di Modena, il secondo, di Reggio. Ecco qui sotto qual'era la loro costituzione in seguito a tale decreto:

I Battaglione Urbano di Modena. Stato Maggiore: 1 J. Colonnello, 1 ajut. maggiore, 1 Chirurgo, 1 capellano ... 4
Compagnia Granatieri assoldata (Modena) n° 1 Capitano-tenente

Uniforme del Battaglione

Quello stesso di prima Tav LV n. 11, però con pompone bianco e turchino
Compagnia Granatieri come i n: 2.4.5.6 e 6 Tav. LVI

I cordoni bianchi al sako dei Granatieri sono dati il 24 Gennajo 1818, prima, cioè, della costituzione dei due battaglioni.

Il Piffero è uno solo per tutta la milizia urbana e fa parte della compagnia granatieri.

1 Tenente. 1 S. tenente	
1 S. tenente Banderale	4
2 Sergenti, 6 Caporali	
8 Sottocaporali, 2 Tamburi, 1 Piffero	19
76 Granatieri	76

1° Compagnia fucilieri. 1 capitano. 1 Tenente. 1 S. Tenente Banderale ... 3
(Modena) 1 Sergente. 1 caporale 1 Tamburo. 26 comuni ... 29
(Rubiera). 1 Tenente. 1 caporale 1 S. caporale 8 comuni ... 11
(Nonàntola) 1 Sergente. 1 caporale 1 S. caporale 8 comuni ... 11
2° Compagnia fucilieri (Mirandola, S. Felice, Concordia) ... 50
3ª " " (Carpi. S. Martino in Rio) ... 50
4ª " " (Finale) ... 50
5ª " " (Sassuolo, Formiggine, Guiglia, Montefiorino Viguola e Spilamberto) ... 50
6ª " " (Paullo, Pievepelago, Sestola, Fanano) ... 50

Totale del Battaglione 407

II — Il Battaglione Urbano di Reggio è formato allo stesso modo collo stesso Stato Maggiore di quello di Mode-na e con 6 compagnie, tutte di fucilieri — Totale del Battaglion 268
(le comp° di questo battaglione hanno soltanto 44 uomini, 3 ufficiali compresi)

III Milizie Foresi

Collo stesso decreto del 1 luglio 1818 le Milizie Foresi di antichissima istituzione saranno adette alla Milizia urbana colla forza di 200 uomini per ogni compagnia delle medesime.

E.C. Aggiungansi 4 ufficiali per ognuna delle 6 compagnie del Battaglione di Modena stati dimenticati ... 24

Totale della Milizia Urbana 699

— La forza totale in ragione di 200 per ognuna delle 12 compagnie di Milizia Urbana sono di uomini 2,400
Totale unito delle due milizie 3099

Nella Milizia Forese non vi saranno graduati dovendo essa servire per squadre sotto il comando di Sergenti e caporali urbani. I suoi ufficiali ancora esistenti conserveranno l'onore della loro antica uniforme (Tav. LVI n. 1) ma non presteranno più alcun servizio. Essa però avrà un ufficiale superiore ispettore (Tav. n. 14) creato già con decreto del 27 Febbrajo 1817

Il servizio speciale cui erano più particolarmente addibite le Milizie Foresi era quello delle pattuglie notturne per la campagna (12 giugno 1817) le quali a questa epoca erano molto poco sicure.

La Milizia Forese non porta uniforme salvo una placca al capello con F.IV da cedersi da una squadra all'altra secondo il turno di servizio — Quegl'individui però di dotta Milizia che conservassero quello antico vi adatteranno le mostre di color rosso obbligandosi poi a ridurlo, poco alla volta, alla forma di quello della Milizia urbana. (Tav. LVI n° 8, 9, 10)

In quest'anno 1818 sono rammentate per la prima volta (5 aprile) le guardie di Finanza (Tav. LVI n. 11) mediante un estratto del loro Regolamento. In questo Regolamento è data la loro costituzione organica la quale è la seguente: Ispettori
Sotto ispettori } a cavallo
Capi di 1ª, 2ª e 3ª classe
Sotto capi
Guide
Guardie — Il loro uniforme è quale apparisce dalla indicata fig. n° 11.

Pure in quest'anno 1818 sono rammentati per la prima volta (5 aprile) i Guardaboschi il cui uniforme è quale apparisce dal n° 12 della detta Tavola LVI

TAV. LVII. _Corpo Reali Dragoni._ 1 Ufficiale in tenuta di marcia. 2 Chirurgo – 3 Maresciallo a piedi 4 Sotto brigadiere a piedi in tenuta di marcia. 5 Trombettiere a cavallo in tenuta di marcia. 6. Sotto brigadiere id. id. 7. Drago ne a cavallo in _charivari_ – pantaloni lunghi a bottoni. 8 Id. in mantello (o la barra) e beretto.   – 1816-18-1828 –

Scena: interno di quartiere in Modena con veduta nello sfondo della torre «Ghirlandina». Nel Corpo Reali Dragoni sono avvenute le seguenti modificazioni: I nell'organico: (A, B)

II nell'uniforme (C, D, E, F)

A   1816 – 1 Colonnello comandante ... a cavallo
          1 Medico Chirurgo _____ a piedi
          1 Capitano in 1ª, 1 id. in 2ª .... »
          2 Tenenti e 2 Sotto tenenti .... »
          2 Marescialli d'alloggio _____ »
          1 Brigadiere foriere _____ »
          1   "   _____ »
          4   "   _____ »
          25   "   _____ »
          1 Trombetta _____ »
          1   "   _____ »
          42 Dragoni _____ »
          127   "   _____ »

Totale – 212 con tutti gl'ufficiali a cavallo
il medico e i 2 Marescialli a piedi

B.   1818   Il Corpo è diviso in 2 compagnie come segue:
          1ª Compª – 1 capitano, 1 Tenente 1 Sottotenente
          2ª   "   – 1   "   2 Sottotenenti

C   1816   Soppressi speroni e la bandoliera ai Marescialli d'alloggio e conservato loro lo spadone – Uniforme del Trom bettiere a cavallo. (Tav. LVII ni 3 e 5)

D   1818 (maggio 23) Sciarpa agl'ufficiali come negl'altri corpi attivi (Tav. LVII n. 1)

E   1824 (Marzo 6) Soppresso il beretto loro speciale e sostituito con quello comune (Tav. LVIII. n. 8

F   1828 – Dalla «Tariffa» degl'oggetti di corredo apparisce:
1º che il tabarro bianco è definitiva mente sostituito al grigio misto.
2º che i pantaloni lunghi con pelle in fondo sono sostituiti ai pantaloni at tilati con stivali e stivaletti
3º che sono già in uso i pantaloni gri gi con pelle e bottoni e la giacchetta di panno bianco a maniche

TAV. LVIII _Genio, Pionieri, Artiglieria, Trabant, Band_
N. 1 Ufficiale del Comando di Piazza nella nuova piccola Tenuta (Aprile 1822) – 2 Capitano d'Artiglieria (1823) – 3 Tenente di Pionieri. 4. Id. del Genio. 5 Cade to di Pionieri – 6 Sergente id – 7 Sergente di Trabant del Ducale Palazzo (1828) 8 Caporale di Pionieri – 9 Cannoniere di 1ª Classe (tenuta giornaliera) 10 Cannoniere di 2ª Classe in tenuta di tela. 11 Id. in tenuta giornaliera. 12 Pioniere. 13 in tenuta di lavoro. 14. Trabante in cap potto e cappello coperto – 15 Nuova uniforme della Banda (6 Dic. 1827). 16. 1ª Uniforme della Banda di Castelnuovo di Garfagnana. 1821 – 24 –   – 1819 - 1828 –

La scena rappresenta una specie di officina di Pionieri nei dintorni di Modena della quale si vede la solita Torre della Ghirlandina. La concessione fatta agl'officiali d'artiglieria di portare il sakò invece del cappello ha la data del 25 gennajo 1823 e quella del bastone come distintivo ai cannonieri di 1ª classe ha quella del 3 Febbrajo 1823 mede simo. Il nuovo uniforme del genio (no 4) ha la data del 16 agosto 1819 – La creazione delle compagnie Pionie ri (ni 3, 5, 6, 8, 12 e 13) data dal 1º maggio 1822 ma fu formata definitivamente solo nel maggio dell'anno appres so venendo costituito come segue:

1 Capitano, 1 Primo tenente 1 Sottotenente – 3	
1 Sergente del dettaglio _____ 1	
3 Sergenti Capi mastri _____ 3	
12 Mastri (Caporali) _____ 12	
24 Manuali – 12 Garzoni _____ 36	
Totale 55	

I Pionieri erano essenzialmente soldati lavoratori e cioè fabbri serrai, falegnami, muratori

3 Inel successivo agosto (23) furono isti tuiti i Cadetti Pionieri, detti per anche cadetti Matematici. Questi Cadetti erano essenzialmente studenti d'in gegneria.

Dei Trabanti - specie di Veterani addibiti al servizio e custodia del Palazzo Ducale - si comincia a parlare soltanto nel 1828: ~~ma pare~~ propriamente l'epoca della loro istituzione ~~...~~ deb'essere anteriore di qualche anno. — Il nuovo uniforme della Banda musicale (n. 15) viene decretato il 6 dicembre del 1827. Il capo musica aveva in più: cordone d'argento al sako.

In quanto alla Banda di Castelnuovo di Garfagnana (n. 16) essa non era un corpo militare sebbene vestisse alla militare, ma doveva servire di guardia d'onore al Duca quando esso passasse da Castelnuovo e non vi fosse truppa disponibile. Per questo riguardo essa ha trovato il suo posto qui. Però al 1° giugno 1824 il Duca fece sapere che deponessero le rosette del capello e la dragona perchè erano ornamenti d'indole esclusivamente militare.

Tre alamari nelle maniche. Doppio gallone nel colletto e nei paramani. doppia guarnizione nei pantaloni e con contorno

___

TAV.º LIX. Gl'ufficiali ai balli di Corte. (Tutti col capello, i pantaloni corti, bianchi, le calze di seta bianca, le scarpette di marocchino colle fibbie e lo spadino.) N° 1 Uff. superiore del Battaglione di Linea. 2 Id. dei Reali Dragoni. 3 Id. dell'artiglieria. 4. Id. del Comando di Piazza. 5 Ufficiale inferiore dei Pionieri. 6 Id. del Genio. 7. Id. del Batt.ª Urbano di Modena. 8, Id. id. id. Reggio. 9. Id. di Veterani (nuova uniforme (Tariffa 1828). 10. Ufficiale pensionato di fanteria (. 1819 —) 11 Id. id. di cavalleria. 12 Id. id. di milizia Urbana (batt.ªª di Modena). 13. Id. id. di cavalleria che ha servito il duca Ercole III. (Uniforme decretati nel 1819) -14. Id. Ispettore di Finanza. 15. Ufficiale del Commissariato Militare. 16 Ufficiale Medico. 17. Ufficiale di Milizie Paesi di Modena 18 Id. id. id. di Reggio. 19. Impiegato militare. 20. Allievo dell'Accademia militare Estense, istituita il 28 Dicembre 1821 — 1819.1828

La scena rappresenta un ballo a Corte. Gl'ufficiali schierati in linea s'inchinano davanti all'augusta coppia Ducale. L'uniforme bianco delle Milizie Paesi (ufficiali) (n.i 17 e 18) ha la data del 3 maggio 1822. Essi ufficiali hanno il gillet ed i calzoni bianchi, mostre (paramani) ed asole al colletto: turchino per Modena, verde per Reggio, non portano spada ma sciabola e fino al grado di capitano ~~tra~~ non congo hanno la dragona, la quale è d'argento per tutti.

___

Tav.º LX. Accademia Nobile Militare Estense per il reclutamento delle Guardie Nobili. 28 Dic. 1821
24 Novembre 1822
N° 1 Allievo in gr. tenuta a cavallo - 2, Id. in tenuta giornaliera - 3. Id. in tenuta di cavallerizza. 4 Id. in tenuta estiva di quartiere 5. Id. in tenuta di villa, 6. Id. in cappotto e beretto. 1821-22

Il fondo rappresenta il castello di Scandiano assegnato dal Duca per villeggiatura di questi allievi.

Tav.º LXI Il pantalone bianco a campana per gl'ufficiali e le nuove bandiere N. 1. S.A.R. il Duca(1) 2, Generale, 3. Id. Ajutante generale di S.A.R. 4. Colonnello com.ᵗᵉ l'Artiglieria. 5. T. colonnello - Ispettore delle Milizie Paesi 6. Ufficiale di Dragoni Reali. 7. Id. del Comando di Piazza. 8, Id. medico, 9 Id. Guardie Nobili d'Onore, 10. Id. dei Veterani, 11 Id. dei Trabanti. 12, Capitano di fanteria di Linea, 13 Sottotenente Bandajale colla nuova bandiera (31 maggio 1820) -14 Id. del Battaglione Urbano di Modena 15 Id. del Batt.ᵃ id. di Reggio. 16. Id. Pensionato di fanteria. 17 Id. delle Milizie Paesi

(1) in uniforme di Feld maresciallo austriaco - sua solita tenuta

della Provincia di Modena. 18, Id. id. id. d. Reggio. 19, Nuova bandiera per le navi
e per i forti (1 marzo 1830.). — 1817 – 28 – 1830 –

La scena rappresenta una rivista con in fondo la cittadella di Modena copiata da un disegno del tempo. Osservisi che i cappelli portano il pennacchio quasi sul davanti e piuttosto piccolo e che tutti lo portano en colonne e non più en bataille. è da notarsi anche che i pantaloni delle Guardie Nobili hanno una banda d'oro contornata di rosso cosa molto rara perchè abitualmente, anzi quasi di prammatica i pantaloni bianchi larghi non sono destinati a portar bande nè filetti. — L'ispettore delle Milizie Foresi fu creato il 27 febbraio 1817. — Il nuovo uniforme celestino e arancio della Comando di Piazza risulta semplicemente dalla "Tariffa" del 1828. Essa compagnia è comandata in capo da un maggiore e prende però il titolo di "Corpo" — Qui si dà l'organico del Comando di Piazza non mai stato dato finova —:

Comando o Stato maggiore di Piazza (1818)

Modena: 1 comandante, 1 ajutante maggiore, 1 ajutante —— 3
Reggio: 1 comandante, 1 ajutante di piazza, 1 supplente —— 3
Mirandola: 1 comandante, 1 ajutante di piazza —— 2
Rubbiera: 1 comandante, 1 ajutante di piazza —— 2
Finale: 1 comandante, 1 ajutante di piazza —— 2
Carpi: 1 comandante, 1 ajutante di piazza —— 2
Correggio: 1 comandante, 1 ajutante di piazza —— 2
Avenza: 1 comandante, 1 ajutante di piazza —— 2
Castelnuovo
di Garfagnana: 1 comandante, 1 ajutante di piazza —— 2
Sestola: 1 comandante —— 1

Totale — 21

N.B. Il personale inferiore del Comando di Piazza è costituito da sott'ufficiali e soldati Veterani ed Invalidi in qualità di Magazzinieri, Custodi e Piantoni
Il comandante di piazza di Avenza è altresì comandante della barca stazionata in quel porto
Da data del 29 ottobre e 6 dicembre 1823 furono destinati dei tabarri per i Veterani e per le sentinelle ma non se ne conosce la forma nè il colore

TAV. LXII – Segnali di lutto. ec. 23 Nov. 1829 — N° 1 Ufficiale del Batt.ne di linea col velo a tracolla ed alla spada – N° 2 Impiegato militare col velo al braccio ed alla spada – 3. Il impiegato militare vestito tutto di nero alla civile con velo alla spada – 4 Ufficiale di Polizia (Ispettori e Vice Ispettori). 4 Nov. 1830 —— Sotto caporale di Fanteria di Linea in cappotto. — 1829 – 30 –

Siamo nella strada "Canal grande" (or all'imbusto) di Modena. La casa di contro col portico a 7 ochi e col balcone di ferro è la casa di Ciro Menotti dalla quale, la notte del 3 al 4 febbrajo 1830 egli e 30 suoi seguaci rivoluzionari nel santo nome d'Italia – si difesero lungamente contro le truppe del Duca che avevano seco un cannone col quale atterrarono la porta. —— Il n° 3 è un ufficiale impiegato militare che si reca a qualche funzione solenne - sola circostanza nella quale esso poteva vestire in tal modo.

TAV. LXIII La fuga del Duca e di parte del suo esercito verso Carpi e Mantova.
1 Carrozzone del Duca con servi, trabanti e bagagli. 2 Guardie Nobili d'onore in varie uniformi. 3. Ufficiale di dragoni reali, 4. Ufficiale del Battaglione di Linea - 5, Dragone. 6 Id. di fanteria – 7 Trabante. 8, 9 Granatieri del Batt.ne di Linea. 10

Caporale del Battaglione di Linea, 11 e 12 Soldato e Tamburini del detto Battaglione.

La scena rappresenta il momento triste di quella improvvisa fuga in una triste giornata giornata d'inverno (6 Febbrajo). Guardie e soldati procedono in disordine e sono armati e vestiti secondo le circostanze dolorose ed improvviste del momento = Si vede in lontananza appena distinto nell' umida nebbia la gran torre-campanile di Carpi, prima tappa dai fuggiaschi.

E qui ha termine il primo periodo della nuova Dominazione Estense in Italia. Dopo un mese e qualche giorno la rivoluzione fu soffocata dall' intervento armato dell'Austria ed il Duca tornò a dominare all'ombra della vecchia Ghirlandina e vi morì nel 1846; ma il suo figliuolo e successore Francesco V non poté godere che appena due anni della sua nuova sovranità; la seconda rivoluzione, quella del 1848, lo cacciò (in marzo di quell'anno) sulla via dell'esilio e non tornò, sempre col favore delle armi austriache, altro che nell'agosto, ricominciando il terzo ed ultimo periodo durato fino al giugno del 1859.

Una cosa notevole nella storia di questi secondi Estensi è l'attaccamento sempre dimostrato per loro dal piccolo esercito. Anche dopo esser passati al partito Italiano [1848] i soldati Modenesi e più specialmente i dragoni, accampati a Somma campagna in unione ai Piemontesi ed ai Parmensi, sempre avevano in bocca il loro "duchino", segno evidente che esso Duca li trattava bene ed aver riguardo per essi[1]

Quinto Cenni

Milano Corso Porta Nuova 9
15-3-905

(1) Uno degl'ufficiali che seguivano il Duca nella sua fuga è oggi uno de' più ferventi apostoli de' miei lavori patriottico-militari!

La Brigata Estense
1859-63

(Dal "Diario della Brigata Estense" scritto da un maggiore
della stessa nel 1864)

La quasi totalità della Brigata seguì il proprio Sovrano di là dal Po nelle posizioni austriache ed, incorporata nell'Esercito Imperiale e sempre sperando un ritorno ai patri lari con alla testa il proprio Duca e generale supremo, stette con esso fino al settembre 1863 nel qual mese essa fu definitivamente sciolta.

Ora siccome questo periodo di servizio fuori della Patria ha pure il suo interesse storico e siccome tale servizio è strettamente connesso a quello della campagna di difesa dell'Oltreappennino prima, poi del cuore del Ducato medesimo, così domandiamo il permesso di rifarci un poco indietro fino, cioè, al gennajo del 1859.

1. La difesa del Ducato - Febbrajo-Giugno 1859

Una delle provincie italiane che più d'ogni altra e più presto d'ogni altra ebbe a subire gl'effetti dell'effervescenza degl'animi per la nuova guerra per l'indipendenza italiana fu la provincia di Massa e Carrara, cioè la provincia Oltreappenninica del Ducato di Modena. Ciò avvenne per tre motivi: 1° perchè limitrofa al Piemonte che era il focolare delle nuove idee nazionali; 2° perchè lontana dalla sede principale del proprio Governo quindi non immediatamente sotto la sua attenta sorveglianza; 3° perchè scarsamente presidiata[1]. Infatti non si trovavano di armati estensi nella provincia altro che un 400 uomini circa con due pezzi d'artiglieria e cioè: una divisione del 3° batt.ne del regg° Estense (Cacciatori) poco più di 300 uomini — un 50 cannonieri circa tra attivi e seduttari e le spesse e piccole brigate di Dragoni e di finanzieri. Vi erano bensì i 1800 uomini del 3° regg° delle Milizie di Riserva ma appena si poteva calcolare sull'ajuto di una 18ª parte della sua forza. Si dovè quindi spedire in rinforzo un'altra Divisione di cacciatori con un obice e pochi dragoni a cavallo, retto questo rinforzo dal t. colonnello cav° Cesoni che doveva assumere, ed assunse per effettivamente, il comando superiore di tutte queste truppe non montanti complessivamente a più di 600 uomini attivi con 3 pezzi d'artiglieria.

Con queste poche forze il Cesoni tenne testa abbastanza fermamente all'insurrezione che gli divampava d'ogni lato intorno (Tav. XCIX), ma, quando agl'insorti si furono unite le truppe toscane ed a queste le francesi (V° Corpo - Pr. Napoleone), allora fu forza al Cesoni il ritirarsi e l'abbandonare del tutto

[1] Si può aggiungere anche la natura alquanto turbolenta di quelle popolazioni, specie di quella del Carrarese.

29

Il 27 Dicembre Del 1855 fu creato l'Ordine Dell' Aquila Estense tanto pr'i Militari che pr i civili ed il Disegno Della cui croce è nastro trovasi nella Tavola Frontispizio di quest' Opera.

In Settembre Del 1859 si introdusse nel corpo Dragoni una innovazione di una certa importanza; quella cioè, dell'equiparamento dei Dragoni semplici al grado di caporale, seguendo in ciò l'esempio Del Piemonte ed allo scopo, veramente, di rialzar il prestigio di questo Corpo in confronto Degl' altri Corpi tutti dell'Esercito, dovendo esso occuparsi della sicurezza publica, quindi nel caso sovente Di avere sotto i propri ordini le altre truppe.

Nel 1858 si tolse ai Dragoni a cavallo, il loro antico mantello bianco e la si sostituì con un infelice cappotto grigio. (Tav. XCVIII)

Nel 1859, infine, si mise in prova pr 10 di essi un elmo alla prussiana ma non pare che la prova abbia avuto buon esito. Durante in previsione della guerra, Della quale si avevano avuto già i primi accenni nell'oltrespo pennino si creò al 27 marzo una piccola squadra di 6 uomini di fanteria che avesse ad esalare gli artiglieri nel governo dei loro cavalli e ad essi furono cambiate le monteggiature Di bianco in turchino chiaro. Accesasi poi la guerra, fu – al 22 maggio – creato un servizio di magazzinieri, aggiunti e scrittori Di commissariato che forse seguir dovessero l'Esercito in caso di marcia e si dide loro l'uniforme Del Commissariato medesimo colle stesse distinzioni in color rosa e con quelle diversità Di distintivi e Di ornamento donde ai loro rispettivi gradi. (Tav. XCVIII)

E finalmente, incalzato Dagl' avvenimenti sempre più minacciosi e vista l'impossibilità Di mantenersi più oltre pr allora, nel suo piccolo trono, il Duca Francesco V si ridusse a battere di nuovo la via dell' esiglio, sperando anche questa volta in un più o meno pronto ritorno – Ma fortuna non volle questa volta assecondar le sue speranze e tuttoche fosse seguito nella sua ritirata dalla maggior parte del suo esercito, il quale, anzi, lo seguì quasi tutto tuttavia l'11 Del giugno Del 1859 fu decisamente l'ultimo decisivo giorno Del Ducato Di Modena e Dell' antichissimo principato Estense.

Parce sepultis.

Le Tavole F. C a XCVIII rappresentano le varie modificazioni d'uniformi nonchè vari momenti e dettagli della vita militare estense in questo ultimo suo periodo 1850 – 59.

30

al suo destino quella lontana provincia. Questo avvenne a metà aprile quando il Duca, occupandosi attivamente della difesa del suo Stato, aveva già messo in istato di difesa le torri di Brescello sul Po (Tav. C) e chiamato sotto le armi il 4° batt.ne (di riserva) del Regg.° Estense allo scopo di presidio. Colla colonna Casoni, retrocedente dal Modenese, s'unirono circa 100 volontari del 3° regg.° di Riserva e tutti i piccoli posti di Dragoni e di finanzieri di quella provincia e fecero massa nella Garfagnana e nel Frignano, provincie intermedie tra l'oltreappennino e quelle di Reggio e di Modena. Accorse pure in ajuto da Bologna un battaglione austriaco prima, poi i rimanenti tre di quel presidio, ma il progredire incessante delle forze alleate italo-francesi persuase ben presto il Duca che la sua posizione non era assolutamente più tenibile e diede gl'ordini per la ritirata generale su Brescello, sulla quale nel contempo eravi avviato, in ritirata oltre Po, un corpo di 1879 soldati formenti d'ogni arma e rimasti fedeli alla propria sovrana. Quasi tutta la brigata Estense seguì il Duca, prima a Brescello - poi abbandonate in fretta anche questo per comando dello Stato Maggiore Austriaco - a Mantova, ove pose momentaneamente la propria residenza.

II La Brigata Estense - Giugno 1859.

Riformatasi la brigata a Mantova, ebbe il seguente ordinamento:

Com.te Generale: S.A.R. il Duca Francesco V. d'Austria-Este
Comandante in 2°: il generale maggiore Conte Saccozzi
Capo di Stato maggiore: il colonnello Ferrari.

		Uomini	cavalli	pezzi
I.	R. Corpo Dragoni	510	82	
II.	R. " Artiglieria	335	137	6
III.	Pionieri	169	1	
IV.	R. Regg.° Estense	2453	9	
V.	Milizia di Riserva	156		
	Totale Uomini	3.623	cavalli 229	pezzi 6

Col Duca e colla Brigata s'unirono pure 8 guardie Nobili d'Onore e 18 a 20 Trabanti, nonchè il gen Forni Ajutante del Duca ed alcuni uffiziali della Riserva

Totale generale Uom. 3660.

La brigata non ebbe occasione di prender parte attiva alla guerra del 1859 essendo rimasta, nei giorni 24 e 25 Giugno (26 Battaglia di Solferino), in posizione di riserva agli Angeli sugli spalti della fortezza di Mantova (Tav. CI bis).

III° La Brigata Estense - Luglio 1859 - Settembre 1863.

Finita la guerra col trattato di Villafranca la Brigata si trasferì sul Padovano ove pose i suoi alloggiamenti, nei pressi del Castello del Cattajo, proprietà e residenza del Duca (Tav. CII). La sua formazione e forza fu allora le seguenti:

I Comando generale — II R. Corpo Dragoni (una divisione a piedi, un ¾ squadrone a cavallo) III R. Regg.° Estense di Linea (3 battaglioni ed il deposito del 4°, più i volontari di Riserva) IV R. Artiglieria (una batteria da campo, una compagnia a piedi) V Pionieri (una divisione) V Un deposito generale VI Treno Borghese. VII Servizi amministrativi. VIII Spedale da campo.

Uomini	3363
Cavalli	226
Pezzi	8

(1) È assai rimarchevole come, malgrado la grande influenza che esercitavano le idee d'indipendenza sugl' Italiani tutti d'ogni paese e condizione, le truppe dei vari stati siano rimaste in gran parte fedeli ai loro rispettivi Sovrani quali - p. e. per 2/3 le truppe pormensi e per la quasi loro totalità le truppe Estensi. Ciò dimostra, in parte almeno, la serietà e sodezza del carattere militare degl'Italiani —

1860 La cifra di 3363 uomini detta più sopra fu raggiunta soltanto in quest'anno mediante l'aumento di 338 uomini emigrati dall'ex Ducato. Così fu soltanto in quest'anno che furono aumentati 2 pezzi (obici) all'artiglieria. La Brigata si trasferì sul Veronese. Essa era e fu sempre alla dipendenza dell'Imperiale Esercito Austriaco del quale faceva parte integrante.

1861 In quest'anno la Brigata trasferì i suoi alloggiamenti a Bassano e luoghi circonvicini, rimanendo il Duca nella sua residenza del Cattajo colle Guardie Nobili e coi Trabanti. Fu questo l'anno più florido della Brigata essendo salito il suo aumento in uomini a 618. Al 12 aprile fu istituita la specialità delle spingarde (piccolo pezzo condotto a mano); se ne formarono 3 batterie di 4 pezzi e 32 uomini ognuna, una per battaglione e la compagnia d'artiglieria a piedi assunse perciò la denominazione di Comp. "spingardieri". Il 19 aprile fu sostituita una regolare "Frazione Trasporti Militari" al Treno borghese; il 27 d.° si creò una "Frazione Sussistenza" ed il 21 maggio il Deposito si aumentò di una 2ª compagnia e fu diviso in una "Compagnia d'istruzione" ed in una "Compagnia d'invalidi". Il 26 Settembre fu fatto, a Bassano, un pubblico e festoso Torneo d'ufficiali. Le Tavole CIII e CIV rappresentano queste varie fasi.

1862 Le forze della Brigata in quest'anno cominciano a diminuire; al 1° Aprile è soppressa la compagnia d'istruzione, formandosi in sua vece un "Corpo d'invalidi" di 2 compagnie; tornano in uso in quest'anno i pantaloni bianchi estivi, soppessi fin dal 1859.

1863 Ultimo anno della Brigata – la cui forza è ridotta a 2930 uomini. Ciò malgrado il 1° Aprile sono sostituite le trombe ai tamburi ed il 31 luglio è istituita la Medaglia commemorativa (V. Tav. Frontispizio). Il 20 Agosto è emanato il decreto di scioglimento per volere espresso del Ministero, o Governo, Austriaco; il 24 Settembre avviene l'ultima rivista, con distribuzione delle medaglie, a Cortigliano (Bassano)(Tav CV) e nello stesso giorno l'ultimo saluto, commovente, del Duca a suoi ufficiali in Bassano (Tav. CVI) con ritiro delle bandiere. La Tav. CVII chiude storicamente quest'Opera, raccogliendo in gruppo tutti i Regg. intitolati d'Este, dell'Esercito Austriaco dal 1715 al 1906 con alla testa il Principe Ereditario dell'Austria-Ungheria Ferdinando d'Austria-Este.

Rendo grazie vivissime al Sig.r Cav.r H. I. Vinkhuizen, Medico di Ria, d'avermi fornito con ogni ampiezza i mezzi occorrenti per tale genialissimo lavoro durato tre anni e per il quale soltanto intendo averlo fatto.[1]

Milano 1° Giugno 1906   Quinto Cenni pittore

[1] Verun altro potrà avere un simile lavoro senza espresso consenso della detta Signore. – Q. Cenni

Il Duca Francesco V°

La 3ª Ristorazione Estense in Modena
e l'ultimo periodo della dominazione degli Estensi in Italia
1848 – 1859

Il cattivo esito della nostra prima guerra d'indipendenza, obbligando il governo ed il presidio piemontesi a sgombrare da Modena nell'agosto del 1848, fu la causa effettiva per la quale, all'ombra delle bandiere austriache, potè essere ripristinato in Modena stessa, e con relativa facilità l'antico Ducato Estense e rimesso sul suo trono il duca Francesco V° Siccome però gl'umori dei Modenesi non erano ancora interamente quieti e le limitrofe provincie della Lombardia, del Parmigiano e dello Stato Pontificio lo erano ancora meno, mentre la Toscana, il Veneto erano ancora in piena rivoluzione, è ben lungi anch'esso dall'essersi interamente il testè vinto Piemonte, così il generalissimo austriaco Radetzchy trovò opportuno di presidiare con parte di sue truppe il Ducato, onde per tutto quell'anno (1848) le cose militari del medesimo rimasero quasi quali le avean lasciate il governo Piemontese, cioè costituite quasi unicamente di guardia nazionale, detta "civica", e di "gendarmi" (che erano già gli antichi dragoni ducali) e di poca truppa di linea.

Non si sono trovati documenti sufficienti in Archivio per determinare quale organizzazione abbiano ricevuta dal reintegrato Sovrano, nel corso degl'ultimi mesi del 1848, codesti corpi di truppe; ma è ovvio il credere che all'una (civica) ed agli altri (gendarmi) sarà stata data una nuova forma e saranno stati chiamati con un altro nome. Infatti abbiamo trovato che i Gendarmi si chiamavano "Carabinieri Reali" [1] ed avevano un uniforme turchino chiaro; che la "civica" si era trasmutata in "Volontari" e che il rimanente della truppa rimasta sotto le armi era costituita da due battaglioni, uno detto _di Linea_, l'altro di fanteria leggiera, di una compagnia di cacciatori e di qualche riparto d'artiglieria. Attesochè l'orizzonte politico era ancora – come abbiamo già detto – molto oscuro ed il servizio militare del Ducato era in gran parte disimpegnato dagli austriaci così crediamo che il Duca non abbia sentita nel momento la necessità assoluta di occuparsi attivamente della nuova costituzione da darsi alle sue truppe e che si sarà limitato a dar l'appellativo di "Cacciatori del Frignano" alla compagnia dei Cacciatori e quello di "Volontari" all'antica "Guardia civica". In (Vedasi perciò la Tavola LXXIX.) ogni modo non abbiamo trovato alcun documento uffi-

[1] "Carabinieri Reali" era ed è tuttora l'appellativo dei gendarmi Piemontesi d'allora, oggi Italiani.

N. dello scrittore

lo che ci permetta di stabilire in modo p ben positivo una notizia qualsiasi intorno al riordinamento del piccolo Esercito Estense nella 2ᵃ metà dell'anno 1848.

Il risveglio estense ha dunque cominciato col 1849 e precisamente il 13 gennajo ed è sotto tale, per certuni infausta, data che si ha notizia del primo decreto estense di natura militare. Esso riguarda la Accademia Nobile Militare Estense che con tale decreto viene sciolta. Noi crediamo che questo decreto sia stato emanato per dar una forma ufficiale a cosa già avvenuta prima di questo tempo, giacchè non possiamo credere che tale Accademia abbia potuto esistere – almeno sotto tale titolo d'«estense» – al tempo del Governo Provvisorio di Modena (Marzo-Giugno 1848) nè del Governo Piemontese che gli subentrò in Luglio ed Agosto. Comunque sia, due giorni dopo, il 15, si emanò un provvedimento per la riorganizzazione della Guardia Nobile d'Onore di Reggio, ciò che porta a credere che per quella di Modena fosse già stato provveduto nello scorcio dell'anno avanti.

Il giorno 20 si provvede all'uniforme dei Carabinieri a piedi senza dire in qual modo, ma nel successivo giorno 30 si spiega che, alla sua scadenza d'uso, tale uniforme non sarà più turchino celeste (o chiaro) e giallo, ma turchino scuro e giallo come anticamente.

Il 7 febbrajo si assegnano per distintivi di grado agl'ufficiali le stellette al colletto; esse saranno del metallo stesso dei bottoni ed avranno questa norma ⎰ Colonnelli e Capitani e Capitani tenenti ✻✻✻
✻ ⎰ Tenenti colonnelli e Tenenti di 1ᵃ e 2ᵃ ✻✻
⎱ Maggiori, Sottotenenti e Sottotenenti banderali ✻

Gl'ufficiali Superiori avranno in più il bordo al colletto ed al paramano del metallo stesso dei bottoni onde le stellette saranno, per essi, del metallo opposto a quello dei detti bottoni – ▱ P. colonnello

Pure il 7 febbrajo vengono ritirati al «Battaglione leggiero» i «stutzen» e carabine e sostituiti con fucile ordinario da «fuciliere»; si accordano le sciabole ai sottoufficiali e cadetti di tale battaglione e gli si lascia, per ora, la buffetteria nera. Da ciò si può argomentare che il detto battaglione doveva essere armato di sciabola-bajonetta poichè quest'arma non comporta diversità alcuna fra sottoufficiale e soldato.

Il 1° Marzo si dà una nuova organizzazione all'Artiglieria mentre si rileva in questa circostanza che la già compagnia Zappatori di Brescello, poi Compagnia Artiglieria di Brescello, farà parte integrante dell'Arma d'Artiglieria e fino dal 13 Febbrajo le è stato ingiunto di ridurre poco a poco il suo uniforme al tipo preciso di quello della detta Arma. La detta nuova organizzazione comporterà: 3 compagnie, delle quali ⎰ una montata – uff. e trup. 139
⎱ due a piedi " " 186
1 stato maggiore ⎰ 1 T. col.° com.ᵗᵉ (ed ispettore dell'armeria) 1
⎱ 1 Ten. o S. Ten. ajut. ed 1 ten. custode dell'armeria 2
1 stato minore ⎰ 2 Magazzinieri e 2 capi maestri 4
⎱ 6 Maestri 6

Totale dell'Arma – 358

Il 29 Marzo si determina che i "Carabinieri Reali" riprendano il loro antico nome di Dragoni

Il 1° Aprile si dà principio all'organizzazione della Milizia, la quale organizzazione non sarà più a battaglioni come prima del 1848, ma bensì a reggimenti

Alla data del 5 Aprile si modifica completamente l'esercito Estense nel senso che si dà luogo, per la primissima volta, alla Coscrizione, mentre, fino a tale data, l'esercito stesso fu sempre costituito d'ingaggi volontari.

Aprile 20 – Si nomina una Commissione per il cambiamento delle uniformi.

Intanto che si promulgano questi decreti e si emanano questi provvedimenti la parte attiva dell'esercito è chiamata a prender parte alla campagna per il riacquisto delle provincie dell'Oltreappennino (Massa e Carrara occupate dal Governo provvisorio Toscano) ed al ripristinamento dell'antico Governo Granducale in Toscana.

Tale campagna, fatta al seguito dell'esercito austriaco comandato dal maresciallo D'Aspre, dura pochi giorni e si esplica quasi unicamente coll'assedio e presa di Livorno, occupata da un nucleo d'insorti contro il governo medesimo che cessava in quel momento di reggere la Toscana in seguito appunto a questo intervento austriaco. All'aspro combattimento di due giorni (10 e 11 maggio) che ne succede, prende parte attiva la truppa estense unitamente al proprio sovrano Francesco V.

Allieni dal mostrare in disegno Italiani contro Italiani noi ci limitiamo qui a figurare nella Tavola LXXX un episodio naturale di detta campagna e cioè una marcia del contingente estense.

Ritornato nel Ducato l'esercito di spedizione, il Duca Francesco V° dà opera attiva al suo riordinamento e col giorno 21 di Maggio emana il decreto pel quale stabilisce in modo definitivo l'ordinamento della sua fanteria come segue:

a) Soppressione del Battaglione Leggiero col quale si formeranno 3 compagnie fucilieri.

b) Aumento della compagnia cacciatori del Frignano a 4 compagnie con elementi tolti alle altre compagnie.

c) Costituzione di due compagnie granatieri riducendole tali con elementi come sopra.

Con questa massa di compagnie deve formarsi e si ~~forma~~ forma infatti un:

Reggimento d'Infanteria Estense

di 3 battaglioni, di 4 compagnie ognuno, come segue:

1° Battaglione	= 1ª compagnia Granatieri	– 2ª 4ª fucilieri;	
2° "	= 5ª "	"	5ª 8ª " ;
3° "	= 1ª a 4ª Cacciatori	–	

Stato Maggiore – Stato minore – Musica – Ogni compagnia dovrà avere 1 capitano o capitano tenente

(x) Soppressi i tenenti in 2ª di sottotenenti bandorali – la bandiera sarà portata da un sottufficiale)

(xx) 12 in guerra (x²) 12 in guerra (x⁴) 156 in guerra.

1 tenente e 2 sottotenenti in 1ª ed in 2ª (x)
2 sergenti – 6 caporali (xx)
6 sottocaporali (xxx) 2 zappatori
2 tamburi o trombe – 120 soldati (x⁴)

Stabilita così su basi affatto nuove–per quanto almeno riguarda la fanteria–la organizzazione del piccolo Esercito Estense, si addivenne–in Giugno e Luglio–ad un nuovo e regolare aspetto delle sue uniformi, addattandole alle nuove esigenze della moda coll'accordare, cioè, l'uso della tunica a tutte le armi e corpi in sostituzione dell'antico vestito a coda. Queste nuove uniformi sono tutte rappresentate in un ciclo di 9 tavole che vanno dalla LXXXI alla LXXXIX sviluppandosi con esse tutti i piccoli dettagli, accessori e retroscena che accompagnano normalmente una grande parata militare.

Per quanto però bene e logicamente regolata l'uniformità del nuovo vestiario militare esso diede luogo tuttavia a qualche variante nel senso di una maggior semplicità ancora, togliendo ogni sorta di ricami per i servigi speciali, medici ed amministrativi, in modo che le sole stellette al colletto ed il color distintivo delle mostre soltanto avessero ad indicare la diversità di specie e di grado di ogni singolo servigio sia sanitario, sia amministrativo, sia, infine, civile ma applicato al militare. Tali modificazioni ebbero luogo nel corso dell'anno stesso 1849 verso la fine del quale, cioè in Novembre e Dicembre fu organizzata la Milizia di Riserva dividendola in 3 Reggimenti di 5 battaglioni ognuno; un regg.to per la provincia di Modena, uno per quella di Reggio ed il 3.o per l'oltre appennino, cioè l'ex Ducato di Massa e Carrara.* A tale Milizia non si prescrisse alcun uniforme tranne il beretto d'ordinanza; tuttavia si stabilì, così per quei Militi che lo avessero desiderato, come per la generalità dei loro ufficiali, che il vestiario fosse alla cacciatora, richiamando alla memoria gl'antichi corpi volontari del 1832-40. Però il colore doveva esser grigio per la tunica e turchino celeste pei pantaloni, mentre il colore delle mostre doveva esser rosso per il Modenese, arancio per il Reggiano e turchino celeste per quello dell'oltreappennino.[1] Similmente fu prescritto che a tutti gl'ex ufficiali dei Volontari dell'epoca predetta 1832-40 fosse lecito portare quella loro antica uniforme, bianca per i più (Modena e Reggio), con che soltanto sostituissero alle mostre di color distintivo il semplice filetto di tale colore.

Tutto ciò avvenne nell'anno 1851 nel quale pure fu conceduto ai bass'ufficiali e graduati di distinguersi fra loro colle stellette al colletto come i rispettivi ufficiali, ma la pratica per la uniforme delle Milizie si trascinò per le lunghe cosicché nel 55 essa forma ancora materia di qualche "chirografo" Ducale o di qualche deliberazione del Superiore Comando.

(1) Tav. XCVI (* La Tav. LX bis dimostra le uniformi di questo piccolo Ducato nel breve periodo della sua esistenza cioè dal 1817 al 1829. La sua forza militare era presso che tutta del Ducato di Modena)

Cenni Storici
sulla Real Casa d'Este

e succinta descrizione de' suoi Stati e delle sue Milizie

dall'884 al 1863

per cura di Quinto Cenni sopra documenti d'Archivio, per ordine ed a spese del Dr. H. J. Vinkhuizen di Aia
(cominciati nel 1903 finiti col 1905)

I°
Origini della Casa d'Este

Le origini della principesca Casa d'Este sono ancora alquanto controverse. L'opinione più generalizzata però è quella che la fa discendere da Adalberto I°, Marchese di Toscana, il quale viveva e regnava intorno all'884. Da lui sarebbero discesi un Oberto, poi un Oberto II, entrambi successivamente marchesi e conti di Milano dal 950 al 1050; altri vuole che un Adalberto ne sia il successore, ma ad una certa distanza di tempo, quasi un secolo, poichè questo Adalberto sarebbe stato marchese di Liguria e Lombardia insieme (la cui sede centrale era Milano) ma spodestato dal tirannico re d'Italia Ugo di Provenza. Questa sembra sia l'opinione del sommo storico annalista Antonio Muratori[1]. Il Litta[2] però gli oppone quest'altra successione: Oberto, che dal 950 al 975, sarebbe stato conte del Sacro Palazzo (Imperiale) in Pavia e che avrebbe ricevuto il Marchesato d'Este per dote della sua seconda moglie, prima ancora del 975; poi Alberto, poi Azzo II (1045-1097), cui sarebbe succeduto un Folco, portato pur anche dal Muratori. Questo Folco sarebbe adunque il vero e reale capostipite della Casa d'Este, mentre l'Adalberto I° sarebbe soltanto il capo ideale, e da lui cominciaremo perciò la nostra breve esposizione, cronologica, della principesca Casa.

---

[1] Antonio Muratori (di Modena) "Annali d'Italia" Opera voluminosa ed insigne, pubblicata verso la fine del Secolo XVIII. È il più considerevole testo di storia italiana dell'epoca moderna.

[2] Pompeo Litta (di Milano) "Famiglie Nobili d'Italia" Opera voluminosa ed insigne essa pure, riccamente illustrata in nero ed a colori. I suoi alberi genealogici sono vere e ragionate biografia, piene di dati interessantissimi per la storia in genere e per quella d'Italia in specie.[*]

[*] Quest'opera, publicata a dispense nella prima metà del Secolo XIX, rimase interrotta per la morte del suo autore. Ora sembra che la sua successione sia stata raccolta da altro editore che già avrebbe publicato qualche nuova dispensa.

N. dello scrittore

II°

Le successioni italiane e straniere
della Real Casa d'Este

Col Marchese Folco d'Este cominciò apertamente la serie dei Marchesi d'Este, ma fu da lui altresì che cominciarono le divisioni nella Casa. Prima quindi di procedere in questa nostra breve esposizione stimiamo utile di sgombrare il terreno da queste varie ramificazioni.

A Rami italiani della Casa d'Este [1]

1	Pallavicino Oberto detto dippoi «Pelavicino». Signore di Piacenza	996 - 1269	
2	Malaspina — Signore di Lunigiana	1000 (circa)	
3	Malaspina dallo spino fiorito (stemma) sinistra della Magra in Lunigiana	1280	
4	Malaspina dallo spino secco (") destra della Magra in Lunigiana	1221	996-1905
5	Marchesi di San Martino in Rio	1501 - 1752	
6	Casa d'Austria-Este	1814 - 1905 [x]	

B Rami stranieri della Casa d'Este [2]

1	Conti del Maine	1008 - 1164	
2	Duchi di Baviera	1071	
3	Duchi di Sassonia	1138 } 1180	
4	Duchi di Lunebourg e di Brunswich	1235 - 1368	
5	Principi di Grubenhagen	1279 - 1596	
6	Principi di Gottingen	1368 - 1463	
7	Duchi di Brunswich, Volfenbuttel e Callenberg	[3]	
8	Duchi di Brunswich-Veifenbuttel	1473 - 1654	1008-1905
9	Signori d'Harbourg	1510 - 1642	
10	Elettori di Hannover	1692 - 1714	
11	Re d'Inghilterra	1714 -	
12	Conti di Danneberg - Blankenbourg, Bevern	[4]	
13	Conti di Glocester - York, Sussex, Clarence, Cumberland, Kent, Cambridge	[5]	
14	Casa d'Austria-Este non regnante	1803 - [#]	

(Litta ..Famiglie Nobili d'Italia")

---

(1) Vedasi stendardo bianco e turchino della Tavola I°
(2)   "   "   color rosa   "   "   "
(3) Non siamo riusciti a trovare nel ..Litta" le date necessarie
(4) Idem. idem.
(5)   "   "   ma devono esistere tuttora i titolari di queste Contee.
(x) La Casa regnante d'Austria-Este è rappresentata ora dalla vedova Duchessa Adelgonda, principessa di Baviera, la quale vive a Vienna e conta 95 anni — Essa è riconosciuta ancor oggi col titolo di Duchessa di Modena, sebbene tale ducato abbia politicamente cessato d'esistere dal 1859.
(#) La Casa d'Austria-Este ebbe principio nel 1803 alla morte, cioè, dell'ultimo Duca della Casa italiana Ercole III che legò i suoi diritti sulla Casa, già spodestata nel 1796) alla vedova Duchessa Beatrice che, a sua volta li trasmise al figlio Francesco d'Austria-Este che regnò dal 1814 al 1846 sotto il nome di Francesco IV. Da questo ramo, non più puro e genuino, di Casa d'Austria-Este discesero poi e vivono in Vienna sei altri rami collaterali col titolo di Arciduchi.

N.B. dello scrittore

Sgombrato così il terreno da questa varia e mutteplice ramificazione veniamo ora al

III°
Marchesato d'Este
975 al 1463

Marchesi d'Este

1. **Folco** .... Marchese d'Ancona in epoca e con durata non pienamente constatate

2. **Obizzo I** 1165-1193 .... Signore di Garfagnana dal 1185 per dato e consenso di Federico II

3. **Azzo V°** (non ha regnato)

4. **Azzo VI°** 1193-1212 .... Duca di Ferrara dal 1208 - Signore di Garfagnana

5. **Aldrovandino** 1212-1264 ..... Duca di Ferrara - Signore di Garfagnana, ma in accomandita colla Chiesa.

6. **Obizzo** 1264-1293 (2) ...... Duca di Ferrara - Signore di Modena dal 1288 - Signore di Reggio dal 1289 - Consignore di Garfagnana

7. **Azzo VII** 1293-1308 .... Duca di Ferrara fino al 1304 nel qual'anno tale dominio gli vien tolto dalla Chiesa. Signore di Modena fino al 1306 nel qual'anno Modena e Reggio si ribellano governandosi a repubbliche. Signore di Reggio. Consignore di Garfagnana

.... (1) .... Signoria di Reggio ricuperata nel 1309

9. **Rinaldo** 1317-1335 .... Vicario pontificio di Ferrara dal 1318

8. **Obizzo II** 1335-1352 .... Vicario pontificio di Ferrara - Nuovamente Signore di Modena dal 1336, Signore di Reggio, Consignore di Garfagnana.

10. **Aldrovandino** 1352-1361 .. Vicario pontificio di Ferrara, Vicario imperiale di Modena dal 1354, Signore di Reggio - Consignore di Garfagnana.

11. **Nicolò** 1361-1388 .... Vicario pontificio di Ferrara, Vicario imperiale di Modena, Signore di Reggio — Nel 1377 perde la Garfagnana, toltagli dalla Repubblica di Lucca.

12. **Alberto** 1388-1393 .... (Tutto come il precedente).

13. **Nicolò** 1393-1441 .... (Idem, idem; più: Signore di Montecchio dal 1426; di nuovo Signore di Garfagnana dal 1413.

14. **Lionello** 1441-1450 .... (Idem, idem, idem).

15. **Borso** 1450-1463 .... (Idem, idem, idem). Più: Duca di Modena e Reggio dal 1452. Conte di Rovigo idem.
1454

1463. Cessione del Marchesato d'Este ai Carrara (Signori di Padova).

IV° Ducato di Modena e Reggio
(1452)-1463——(1471)

Duchi di Modena e Reggio

1. **Borso** (1454)-1463-(1471). Vicario pontificio di Ferrara - Conte di Rovigo - Signore di Garfagnana e di Montecchio.

---

(1) Non abbiamo trovato indicato nel "LITTA" chi abbia coperto il Marchesato d'Este fra il 1308 ed il 1317 seppure non ci sia sfuggito. Sappiamo soltanto che dal 1293 il Marchesato d'Este si sdoppiò, una parte rimanendo do tale (Vedi Capo VI pag. 4) l'altra seguendo come qui sopra. Nota dello Scrittore

V° Ducato di Ferrara
1471 – 1598

Duchi di Ferrara col titolo di "Serenissimi"

1 **Borso** 1471 .... Duca di Modena e Reggio - Conte di Rovigo - Signore di Montecchio e Garfagnana.

2 **Ercole I°** 1471-1505 – Duca di Modena e Reggio - Conte di Rovigo fino al 1482 nel qual anno la contea di Rovigo gli venne tolta, per diritto di guerra, dalla Repubblica di Venezia;
Signore di Montecchio e di Garfagnana;
Signore di Gualtieri e di Brescello dal 1479.

3 **Alfonso I°** 1505 - 1534 - Duca di Modena e Reggio,
Signore di Montecchio, di Garfagnana, di Gualtieri e di Brescello,
Principe di Carpi dal 1530.

4 **Ercole II°** 1534 - 1559 - (Tutto come il precedente)

5 **Alfonso II** 1559 - 1597 col titolo di "Altezza" (Tutto come il precedente).

Con questo Duca e colla data del 1598 il Ducato di Ferrara è retrocesso alla Chiesa in seguito alla mancanza di prole di questo Duca. La Casa d'Este è quindi costretta davanti alla scomunica della Chiesa, soretta da 25,000 uomini, a cedere Ferrara ed a contentarsi del Ducato di Modena e Reggio, delle Signorie di Montecchio, Garfagnana, Gualtieri e Brescello e del Principato di Carpi, cominciando coll'ultimo periodo di sua dominazione la quale, con varie interruzioni, va fino al Luglio del 1859.

Di tale periodo abbiamo già dato quanti cenni storici e descrittivi per noi si poteva nel 1904. Qui finiamo col porre la serie cronologica dei Marchesi d'Este rimasti unicamente tali

V° Marchesato d'Este
puro e semplice
1293 —

1293 -	Marchese	Francesco
"		Bertoldo
"		Francesco
"		Azzo
"		Taddeo
"		Bertoldo

Quinto Cenni

Milano 23 Dicembre 1905

Il ritorno del Duca Francesco IV nei proprii stati
1831 — 1848

Il 9 Marzo del 1831 — un mese preciso dal triste giorno nel quale egli dovè abbandonare in tutta fretta la sua capitale, Modena — il duca Francesco IV d'Este vi faceda ritorno fiero e trionfante, alla testa di parte delle sue truppe, nonchè di quelle austriache ausiliarie; dopo aver fugato con pochi colpi un manipolo di 300 liberali, male armati e peggio disciplinati, che aveva tentato, indarno, di chiudergli il passo a Novi.

Seduto così di nuovo sull'avito trono, il duca imprese tosto a riordinare il suo piccolo esercito mediante una serie di decreti, chirografi, rescritti ed ordini del giorno che noi verremo registrando e svolgendo in perfetto ordine cronologico:

Anzitutto il premio ai fedeli e, cioè, l'istituzione - al 4 aprile - della medaglia

"Fedeli militi";

Poi il compatimento ai colpevoli involontari coll'istituzione al 18 detto, di una compagnia di deposito, che viene formata di tutti quegl'individui militari che, per caso di forza maggiore, si trovarono obbligati a prender posto nelle file dei liberali;

Infine il castigo dei colpevoli - (o creduti colpevoli - tra i quali una guardia nobile d'onore che si protestò innocente fino all'ultimo) castigo reso odioso ai più per l'inutile efferatezza colla quale fu amministrato, giacchè doveva bastare al duca l'estremo là del castigo medesimo senza dover aggiungervi l'insulto e l'ipocrisia.

Ma veniamo a più spirabil aere!:

*

Dopo l'istituzione della compagnia di deposito, detta: compagnia mista perchè tratta da corpi diversi, il Duca pensò e stabilì una modificazione all'uniforme dell'artiglieria (19 aprile), riunì in un solo battaglione i due battaglioni urbani di Modena e Reggio (27 aprile e 19 Maggio) ed instituì (in data del 27 aprile) il nuovo Battaglione Cacciatori del Brignan. Il 31 maggio furono date alcune nuove norme per l'uniforme dei Pionieri e si stabilì che la truppa di linea (Battaglione "Estense" di Linea) avesse ad addottare i pantaloni turchini

---

(1) Che oggi sarebbe stata considerata essa pure eccessiva ma che in allora era ammessa e voluta dalle leggi vigenti. Il duca guastò le sue ragioni dando un'esecuzione troppo estesa a questa efferata legge e mostrandosi inoltre ipocrita e maligno.

in luogo dei Bianchi; fu portata qualche modificazione all'uniforme degl'Ufficiali di piazza (1 giugno) e, finalmente, al 13 del detto giugno, venne stabilita l'uniforme del nuovo battaglione "Cacciatori del Frignano".

Il duca concesse "clementemente"(1) agli ufficiali il gallone d'oro al giacò ed al capello e lo spadino-briquet ai "Cadetti-matematici-pionieri" fuori servizio (16 giugno e 26 luglio); diede (al 18 luglio) un nuovo ordinamento all'artiglieria; volle (9 agosto) alcune modificazioni, di poca entità, nel corpo dei Dragoni; prescrisse alcune altre modificazioni all'uniforme degl'ufficiali veterani (13 agosto); accordò con sovrana clemenza(!) che la compagnia mista sostituisse il giacò (scackó) al beretto (19 settembre) però senza pompone, nè coccarda(!); aumentò, organizzandolo diversamente, il corpo dei Dragoni (7-8 dicembre) e finì -militarmente- l'avventuroso anno collo stabilire su nuova base la forza del Battaglione di Linea aggregandovi la già ripetutamente nominata Compagnia mista di deposito (21 dicembre) e coll'ordinare (22 dicembre) che il cappotto notturno da sentinella fosse di panno=agnino.(2)

L'anno seguente, 1832, vide, in data del 5 marzo, l'istituzione dei Garzoni di compagnia, specie di servitori di quartiere -4 per ogni compagnia- dell'età di 15 a 18 anni e senz'obblighi di servizio; al 10 detto venne concessa un'uniforme speciale per gl'ufficiali a caccia; al 26 fu estesa al corpo Trabanti l'adozione del pantalone turchino in sostituzione del bianco; ed al 4 aprile fu pienamente stabilito e disciplinato l'uso del nuovo bonetto d'uso" (beretto da fatica) per gl'ufficiali; già in prova fino dall'anno avanti.

E qui veniamo ad un altro ordine di idee e di cose:

La reazione, che suol sempre succedere ai gravi mutamenti politici di uno Stato, non mancò di esplicarsi anche dopo quello che era avvenuto nel piccolo Ducato nel mese di marzo del 1831 e che si era, del resto, riprodotto, più o meno, in tutto il resto d'Italia. Così - malgrado l'efferatezza della ducale reppressione il partito che la sosteneva seppe così bene maneggiarsi presso le moltitudini da far sorgere, come per incanto, l'istituzione di milizie volontarie con uno scopo assolutamente diverso di quello delle milizie volontarie liberali del febbraio dell'anno avanti.

(1) da "agnus" agnello. Non si è potuto sapere precisamente come fosse; ma evidentemente doveva essere foderato in pelo d'agnello. Servivo per la notte come è pure usato tuttora in tutti gl'eserciti. — Questo cappotto era bianco per le sentinelle del Palazzo e grigio per le altre.

Il primo segno - militare - che abbiamo di tale nuova istituzione (la quale, per altro, aveva avuto qualche piccolo saggio pochi giorni prima della rivoluzione (V. Tavola LXV)) lo troviamo in data del 7 maggio coll'istituzione, o formazione che sia, della 1ª compagnia "Volontari Estensi", la quale ha luogo nei due paesi del modenese: Campogalliano e Saliceto Bursalini. - A questo primo segno succede un periodo di pausa nel quale certamente la nuova materia va elaborandosi ed al 9 agosto infatti sorgono, come di punto in bianco, le intere compagnie di "Militi volontari" nella provincia di Reggio, mentre, quantunque non sia espressamente indicato da alcun decreto od altro, si capisce che anche le compagnie della provincia di Modena hanno raggiunto lo stesso numero, poiché in data del 20 Settembre esce un "ordine del giorno" mediante il quale tutte queste dodici compagnie sono organizzate in due giusti battaglioni, uno di Modena, l'altro di Reggio. Ma non basta: come il duca volle sorpassare il punto che umanamente può esser concesso al sovrano oltraggiato nel compimento della sua risurrezione politica, così pure la reazione volle stravincere sui già depressi liberali e, non contenta dell'istituzione dei "Militi volontari", volle aggiungervi quella dei Cacciatori Militi volontari[1] poi estese l'istituzione alla provincia di Massa, poi vi aggiunse quella dei "Cacciatori a cavallo" - che non attecchì abbastanza - ed inf. ne passò dall'esagerato al grottesco aggiungendovi ancora i riparti di Militi giovinetti o con cappello...... di cartone dipinto!!e...... fucile di legno[2]!!!!

Volendo però procedere con ordine dobbiamo limitarci qui a segnalare le date relative di quest'anno e cioè: 17 agosto - norme per l'addestramento dei "Militi Volontari Cacciatori"; 25 Agosto - determinazione sulla loro uniforme; 30 agosto - aggiunta alla medesima; 24 Settembre - modificazioni ed altre aggiunte; 22 Novembre - formazione di 3 compagnie Militi volontari a Massa, una delle quali sarà di "Bersaglieri Guardacoste" e verrà tratta dai "Bersaglieri Volontari", denominazione questa che pare abbia avuto la sua prima origine nel testé cessato piccolissimo Ducato di Massa e Carrara, passato come già abbiam detto, a far parte del Ducato di Modena nell'anno 1825, mentre si tro-

---

[1] Un battaglione con 6 compagnie: Concordia, Novellara, Finale, R.ª quiche(!?), S. Martino, Portovecchio, S.ta...

[2] Queste piccole compagnie di 40 teste ognuna ed un tamburino, erano affidate, per l'istruzione e disciplina, al parroco o capellano del luogo ed i suoi graduati erano scelti fra i più istruiti nel...... catechismo! Vene era una per ogni compagnia di militi volontari, ed i piccoli volontari dovevano rigorosamente esser figli o parenti di volontari.

va usata la qualifica di "reggimento" pei battaglioni di Modena.

Nell'esercito, che ora chiameremo "regolare", hanno luogo nello stesso periodo di tempo le seguenti variazioni: ai Dragoni, che già dall'anno avanti hanno ricevuto la "sciabracca" da corazziere, viene aggiunta in quest'anno (non è precisata la data) la bardatura all'ussera, ma senza che venga fatta alcuna specificazione del come essa sia composta. Al 19 agosto si stabilisce un tamburino per l'artiglieria ed uno (o due?) per i Pionieri con relativi distintivi; al 7 settembre si organizza su nuove basi la banda del battaglione ("Estense"); al 6 Dicembre le si accorda un nuovo uniforme ed al 18 detto viene aumentata la forza del Corpo Pionieri.

L'anno 1833 esordisce colla prescrizione del nuovo uniforme (gennajo 8) del capo di essa banda; al 3 aprile si determina che le 6 compagnie del "Battaglione urbano" (che susiste sempre malgrado che gli si siano attelati di fianco i battaglioni e compagnie di Militi Volontari, Cacciatori militi volontari, Bersaglieri volontari ec. ec.) siano di 80 uomini ognuna[1]; l'8 giugno viene creato il Corpo del Treno d'artiglieria da campagna con relativa uniforme; il 22 settembre vengono prescritti i pantaloni turchini, in luogo dei bianchi, anche per il detto battaglione urbano; si ordina (al 7 ottobre) che i Dragoni addottrinen una giacchetta di panno grigio per quartiere e l'annata termina, per l'esercito "regolare", con varie disposizioni, senza data, concernenti l'ultra esercitino dell'ex Ducato di Massa e Carrara e cioè la soppressione del corpo de' suoi Guardacoste o Cannonieri, e l'aggiudicazione dell'uniforme del Comandante delle due lance armate e che si può chiamare l'ammiraglio della flotta modenese del Mediterraneo (!poichè c'è anche una flotta modenese fluviale (sul Po')! Come si vede Modena è diventata una potenza militare di 1° ordine![a] Tale aggiudicazione porta la data dell'11 novembre.

Il 1834 accorda (in gennajo 8) i pantaloni bianchi sopra gli stivali (cioè lunghi) per la tenuta di feste da ballo a corte per gl'ufficiali in genere ed al 28 detto si compiace di assegnare al capo della banda del Battaglione ("Estense") le spallette e la dragona d'argento che già porta da qualche tempo il ... Tamburo maggiore! mentre in giugno, 12, accenna al perdono dei colpevoli involontari accordando alla "compagnia mista di deposito" le mostre bianche

(1) Alla sua ricostituzione (19 maggio 1821) queste compagnie furono stabilite in soli 50 uomini ognuna; erano sei compagnie: Modena, Reggio, Massa, Carpi, Correggio, Finale ed una settima, di deposito alla Mirandola. Anche il nuovo battaglione "Cacciatori del Frignano", quantunque corpo regolare, era suddiviso per compagnie (sei) e sezioni nelle varie località della provincia del Frignano. — (2) Esercito attivo e di riserva. Flotta e flottiglia!!

e lo conferma, in Luglio8, colla definitiva aggregazione della stessa al Battaglione! ma, formalista (idem) sempre, proibisce assolutamente agl'ufficiali Medici l'uso della dragona, anche soltanto d'argento, se essi non possono dimostrare di essere laureati!

Relativamente all'esercito "volontario" abbiamo questi dati: in Maggio-Aprile la forza di questa novella istituzione è talmente cresciuta che il battaglione di Modena ha ben 14 compagnie e devesi quindi formarne un Reggimento e quello di Reggio ne ha 11 e si scinde in due battaglioni. Al 25 di Ottobre poi si passa alla formazione di una banda di 42 suonatori - capo compreso - per il reggimento dei Militi volontari di Modena.

<u>1835</u> - La marea volontaria continua ad aumentare poichè al 23 gennajo abbiamo la formazione di una 15ma compagnia - quella di Novellara - nel reggimento di Modena ed al 13 giugno (crescit eundo) abbiamo quella di parecchie compagnie di Militi nelle provincie così dette "ex appenninidi" e che sono quelle della montagna reggiana (della provincia di Reggio) ove sono di già i Militi Cacciatori..! talchè, oltre le 25 compagnie di Militi volontari di Modena e Reggio colle rispettive compagnie di giovinetti, abbiamo ora un nuovo battaglione di quest'arma e che è formato di 6 compagnie, riunite fra quelle sparse quà e là, e così precisamente distinte sotto il titolo di "Battaglione di Massa", e cioè:

1ª compagnia	Militi volontari		di Massa	
2ª	"	"	di Carrara	
3ª	"	1ª Bersaglieri	di Avenza	Ogni Compagnia:
4ª	"	2ª "	di Massa	
5ª	"	1ª Cacciatori (1)	di Lunigiana	
6ª	"	2ª "	di Postinovo	

Ogni Compagnia:
1 Capitano — 3 sergenti
1 Tenente — 6 caporali
1 Sottotenente — 6 sottocaporali
———————
3 — 15

2 Trombetti o Tamburi
102 uomini
30 uomini di riserva
———
135
15
3 ⟩ per 6 + 918 uomini

Al qual battaglione viene assegnato (il vò sauf dire) una banda musicale (di 24 suonatori) in data del 26 nov.bre

Totale uomini 153

Nell'esercito "regolare" viene prescritto - in Gennajo 26 - che la tenuta degl'ufficiali alle feste di Corte non sia più il pantalone bianco per tutti ma bensì turchino per tutte e con banda d'oro o d'argento secondo il metallo dei bottoni; ed in Marzo 11 si stabilisce che i segnali di lutto sieno eguali a quelli in uso nell'esercito austriaco, cioè col velo a sciarpa portata a tracolle da destra a sinistra; i foderi delle sciabole dei Dragoni non saranno più in cuoio ed ottone

(1) La quale banda sembra, da alcuni riscontri, che forse doppia pegl'ufficiali superiori ed, in genere, per quelli a cavallo (Generali, Stato maggiore, Dragoni, artiglieria a cavallo), ma non è cosa sicura.

(a) Dal contesto del documento si capisce però che il cambiamento non consiste nelle "armi" ma in nuovi "ornamenti".

ma in ferro (settembre 26), mentre in settembre 23 è stato fermato che il batt.ne Cacciatori del Frignano adotti il capello dei Cacciatori Tirolesi (quello così detto "all'Enrico IV", od anche all'"Ernani"). In data non precisata, ma all'aprirsi dell'inverno certamente, si accorda agl'ufficiali l'uso del pantalone turchino con o senza galloni[1], secondo la tenuta, e si tollera quello del pantalone color marengo[2] a bottoni.

1836 – Quest'anno ci porta – in Gennaio 8 – l'avviso che esistono, ancora e malgrado tutto, anche le milizie foresi alle quali è dato per unico Distintivo la placca d'ottone sul capello. Se a questa milizia aggiungiamo, per l'esercito "regolare", la creazione della "Mezza compagnia delle torri di Brescello" fattasi il 22 ottobre[6], troviamo che la forza armata del Ducato si compone, a tale data, come segue:

Esercito Modenese 1836

I Esercito regolare (servizio permanente)

1 Stato maggiore generale ——— 6 ufficiali, 4 id. addetti
2 Stato maggiore di piazza ——— 8 comandi, 15 ufficiali
3 Uffici militari vari ——— Economato – Auditorato
4 Corpo Reali Dragoni ——— 1 compagnia a cavallo, 2 compagnie a piedi
5 Corpo Reale del Genio ——— 5 ufficiali
6 Corpo Reale d'artiglieria ——— St. maggiore ed 1 compagnia
7 Corpo Reale dei Pionieri ——— 1 compagnia
8 Reale Battaglione Estense ——— 2 comp. granatieri, 6 " fucilieri
9 Compagnia Reali Veterani ——— 1 compagnia
10 Real Corpo scelto Cacciatori del Frignano ——— 6 compagnie
11 Reale Battaglione Urbano ——— 7 compagnie
12 Treno d'Artiglieria da Campagna 1 plotone
13 Flotta ——— 2 lancie
13 b) Flottiglia ——— barche sul Po
14 Mezza compagnia per le torri di Brescello (sul Po)
15 Corpo Reale dei Trabanti ——— 1 plotone
16 Guardie Nobili d'Onore ——— 1 compagnia

II Milizie Foresi (servizio di pattuglia)
(Pochi uomini per ogni comune con armamento ristretto e ciò che passa da un militite al l'altro a seconda del turno di servizio; quindi forza non calcolabile o calcolabile al più al più sulla base di 4 uomini per comune: quindi su 70 comuni uomini 280 a 300.

III Milizie volontarie (Servizio intermittente)
Regg.o Militi Volontari di Modena,
" " " di Reggio,
Battaglione " " di Massa,
" Milit. Cacciatori di Modena,
Plotoni di Militi giovinetti.

Circa 35 compagnie a 100 uom.i — Uom.i 3500
Circa 20 plotoni di militi giovinetti a 40 ——— 800
Foresi ——— 300
Cacciatori a cavallo (istituzione d'effimera durata) 50 (?)
—— Uom.i 3300
Esercito regolare Uom.i 3300
Corpi vari annessi al medesimo:
(Cannonieri g. costieri Massa) ——— 15
(Flotta e Flottiglia) ——— 20
(Ufficialità e servizi vari) ——— 30

Totale generale, presumibile, della forza armata del Ducato di Modena nel 1836 (od in quel torno) Uomini: 8.015 circa
Cavalli 200 circa

30 Compagnie circa di 110 uomini circa, l'una per l'altra; uomini 3300 circa

(6) De posto di Brescello sul Po è celebre per vari fatti di guerra ... in antico era fortificato. Di nuovo torri o fortificato nel 1835 e perciò nel 1836 istituì questo nuovo corpo di Truppa per presidiarlo o difenderlo.

[1] Per gallone deve intendersi la banda, avvertendo tuttavia che anche questo si dovrà presumibilmente intendere per i soli ufficiali superiori; essendo il Duca sempre contrario ad ogni guarnizio-ne di lusso non strettamente necessaria. È certo che al duca non si poteva negare la qualità di amare il suo proprio esercito come un figlio suo proprio, come una sua propria creazione; perciò l'esercito lo amò in gran parte.

[2] S'intende, naturalmente, per gl'ufficiali a cavallo (superiori, Dragoni, Artiglieria, Treno)

1837 - Gennajo 11 - Il gallone dei pantaloni degl'Ufficiali superiori non sarà più doppio ma semplice [1] ———— Gennajo 16 Nuova determinazione circa la tenuta degl'ufficiali alle feste di Corte, per la quale essi sono lasciati liberi di presentarsi con pantaloni turchini o con pantaloni bianchi. [1] Gennajo 27- Viene adottata per gl'ufficiali, la nuova forma dei cappelli austriaci. Dicembre - I cappotti dei Cacciatori saranno secondo il nuovo modello austriaco ed avranno i "salsicciotti" sulle spalle ———— E per l'esercito "volontario" abbiamo l'indicazione precisa dell'uniforme dei Bersaglieri e Cacciatori Militi Volontari, che non sappiamo però se sia precisamente della data del 1° Luglio come è qui riportata o di altra data antecedente e qui eventualmente non ricordata.

1838 - Marzo 2 - Il colletto (cravatta) di crine sostituisce quello di cuojo. ———— Giugno 8- Istituzione degl'alunni nelle mezza compagnia "pionieri di Brescello" ———— Giugno 8- anche ai sergenti d'artiglieria (come già, il 9 maggio, ai loro ufficiali) è accordato l'uso - fuori servizio - del "bonnetto d'uso" (berretto di p. tenuta) all'austriaca ———— Giugno 19- Si forma una frazione di pionieri anche a Reggio ———— ed il Corpo dell'artiglieria cambia la banda nera dei pantaloni in rossa. ———— Luglio 2 e 3, i sergenti e cadetti del Battaglione Estense ottengono di modificare i loro sachò secondo la nuova foggia austriaca come già i loro ufficiali e con gallone giallo ed oro.

1839 - I Cannonieri di 1ª classe abbandonano il bastone che li distingueva come tali ed adottano in sua vece la granata d'ottone sulla bandoliera - In data ??, de 14 dicembre — la forza della mezza compagnia di Brescello è portata a 100 uomini d'ventando così una compagnia. L'esercito "volontario", che per tutto il 1838 ha dormito, riceve in quest'anno il permesso di aggiungere le rivolte di colore (celeste) all'uniforme bianca degl'ufficiali del Regg° di Modena, (Militi Volontari - Febbrajo 4) e quella di aggiungere la banda (in oro od argento) ai pantaloni degl'ufficiali superiori di tutta la milizia (??° 3) - Al 27 Dicembre si ha poi quest'importante determinazione d'servizio e cioè: Per tutto un anno (1840) 60 uomini con un ufficiale faranno servizio permanente in Modena ed altri 40, pure con un ufficiale, in Reggio - cambiandosi d' 15 in 15 giorni e per gl'ultimi 3 giorni d' ogni rispettivo turno, facendo gl'esercizi militari. [2]

1840 - 16 Dicembre - Adozione del nuovo modello d'accensione a ruota per tutto l'armamento dei Pionieri.

1841 - Nulla.

---

aora e gl' rimanevo fedele.

[1] dal che si vede che il formalismo rigoroso del Duca va perdendo terreno davanti alle novelle esigenze della così detta "modernità" alla quale anche l'inflessibile Duca s'inchine.
[2] cioè durante l'anno 1840 faranno servizio, per turni d' 15 giorni, 2400 uomini d' Milizia.

4

1842 – Gennaio 16 – Alle Feste da ballo di Corte gl'ufficiali indosseranno semplicemente la loro alta tenuta d'inverno. —————— Febbrajo 25. Uniforme scarlatta con treccie di seta gialla e celeste pei Trabanti in gran gala —— Marzo 7. Gl'Ufficiali dei Dragoni avranno d'ora in poi tutte fornitore dell'uniforme e della bordatura in oro anziché in argento e la compagnia Pionieri di Brescello assumerà la denominazione di "artiglieri delle torri di Brescello".

1843 – Nulla per l'esercito "regolare". Per quello "volontario" invece è determinata la forza di 100 uomini per ogni compagnia di Cacciatori e di Bersaglieri (12 Maggio); si forma una nuova compagnia di Militi in Mirandola (Modena) (Giugno 26) e, passando in un altro ordine di servigi, si determina l'uniforme e l'armamento del Guardaboschi militare del R° Bosco di S. Felice (5 8bre).

1844 – Febbrajo 19. Le medaglie d'anzianità, 1ª e 2ª classe, sono cambiate da argento in ottone — Marzo 18 Si adottano per le armi a fuoco i tipi a scaglia ed a rotella ——— Da data non segnata la truppa di linea sostituisce i coturni (stivalini) alle scarpe e quindi abbandona le ghette. Dic. 4. Nuovo cappotto pel treno. Per l'esercito "volontario" l'anno 1844 registra appena alcune varianti all'uniformi delle bande di Massa e di Castelnuovo di Garfagnana.

1845 – Giugno 6 Nuova uniforme, tutta grigia, per le "Milizie volontarie" (Cacciatori e Bersaglieri). Settembre 20 – Nuovo modello di elmo per i Dragoni, e visiera abbassata nei sakó degl' ufficiali.

1846 – 21 Gennajo ——— Muore, per sua fortuna, il Duca Francesco IV e gli succede il figlio
Duca Francesco V d'Este

" Gennajo 29 Cambiamento della cifra F. IV in F. V in tutte le placche dei copri-capo.

1847 " 31 Concessione dei baffi a tutti gl'ufficiali – Ottobre 15 Nuovo modello di capello per Pionieri.

1848 Vien determinato che il "Bat.ne di Fanteria Estense" si scinda in due, 1° e 2°, colle compagnie numerate da 1ª a 10ª e due bandiere tra loro diverse, ma, quando tale modificazione sta per avere il suo effetto, si accende la rivoluzione in fine di Marzo ed il nuovo Duca, che ha appena saggiate le delizie del trono, è costretto ad una rapida fuga, seguito questa volta da pochi, perchè il movimento è generale, nazionale e non più ristretto come l'accedente del 1831 al solo dentro d'Italia, quantunque anche questo avesse avuto quel che effetto nel rimanente della Penisola. E il grand'Esercito Volontario?? Mahh 4!!!

Colnuova 20 Luglio 1905   G. Cenni

48

Spiegazione delle Tavole.

Tavola LXIV ___ N° 1, Capitano comandante la nuova "Compagnia mista di deposito" (18 aprile 1831) in p. tenuta e con beretto d'uso in esperimento. 2, Tenente della stessa in gran tenuta con pantaloni turchini di nuova prescrizione (31 maggio) e gallone e nappina d'oro al giacò anziché d'argento (16 giugno) 3, Sergente in gran tenuta fuori servizio, 4, 5, 6 Caporali, sottocaporale e tamburo in gran tenuta - 7, 8, 9 Soldati della compagnia promiscuamente con pantaloni d'inverno bigi e d'estate di tela. (Epoca 1831)

Nota La scena ha per sfondo la piazza della piccola città di Mirandola, dove ___ fu relegata questa "compagnia mista di deposito" nella quale entravano fanti di linea, cannonieri, dragoni, pionnieri; quelli, insomma, d'ogni arma i quali; contro loro voglia, avevano dovuto entrare nelle file dei liberali" contro il proprio sovrano; l'uniforme era una sola per tutti. I numeri 1, 2, 3, 4, 5 e 6 che inquadravano la compagnia appartenevano al R. Battaglione Estense e ne portavano la divisa. Il gallone d'oro al sakò fu concesso ai sottoufficiali di questo; il pantalone turchino invece del bianco lo ebbe invece tutto il battaglione. ___ I numeri 2 e 3 hanno la medaglia "Fideli militi", istituita il 4 aprile.

Tavola LXV ___ N° 1 Ufficiale istruttore della "Milizia di Riserva" - 2 Sottufficiale id. - 3 Ufficiale (capitano) del "Battaglione Urbano". 4 Allievo dragone- 5, Ufficiale del nuovo "Battaglione scelto dei Cacciatori del Frignano"- 6, Sottufficiale id - 7, Soldati id. 8, Id. della "Compagnia mista di deposito" in giacò. (1831)

Nota La scena ha per sfondo Pavullo, che è la capitale del Frignano (provincia dell'appennino modenese) - La "Milizia di Riserva" fu istituita il 4 gennajo 1831, cioè prima della rivoluzione del 9 febbrajo; quindi appena qualche individuo si sarà vestito; poi al ripristino del governo Ducale (9 marzo) non si parlò più di essa — I due battaglioni urbani di Modena e Reggio furono ridotti ad uno solo in tutto lo Stato "Battaglione Urbano" (27 aprile e 19 maggio) ~~..~~; il giacò (o sakò dell'ufficiale ha il bordo in oro non perchè ciò sia stato concesso con qualche decreto speciale, ma perchè si sà che, una volta fatta una simile concessione ad un corpo, tosto l'altro la richiede e per lo più l'adesione alla richiesta avviene tacitamente [1]. Il nuovo "Battaglione Cacciatori del Frignano" composto di gente scelta vestiva come i Cacciatori austriaci (Jäger); però il sottoufficiale (sergente e caporale (sottocaporale no)) aveva in più un pennacchietto al capello ed i cordoni verdi sul petto. Il giacò tutto in nero, con cappietto ▯ di corame nero, fu concesso alla "Compagnia mista di deposito" il 7 settembre in sostituzione del beretto. — Il n° 5 ha la medaglia "Fideli militi" (il n° 4 appartiene all'ottobre Novembre del 1830, ma vige tuttora. Si è messo qui per riparare ad una dimenticanza)

TAVOLA LXVI. "Battaglione Estense di Linea" 1 Tenente Colonnello comandante - 2 Capitano di una compagnia Granatieri in grande tenuta estiva.

_____
(1). Per non creare precedenti "(nota) formola burocratica per salvare capra e cavoli)

3, Ufficiale id. in tenuta invernale e berettone coperto 4, Sergente 5, Caporale id id.

6, Granatiere in tenuta ordinaria sotto le armi, cioè con sakò in luogo del berettone

7, Tenente o sottotenente[(1)] di fucilieri in grande tenuta estiva. 8, 9 e 9 Sergente, caporale e sottocaporale id. id. 10 Ufficiale del battaglione in piccola tenuta col bonetto d'uso e coi pantaloni turchini. 11 Id. in "tenuta di caccia". (Epoca 1831-32)

Nota La scena è in uno dei prati della piazza d'armi di Modena. Il n° 4 ha la medaglia "Fideli Militi". La tenuta di caccia (n° 11) fu concessa il 10 marzo 1832, e divasi prava nel colore del fondo e della mostreria del colletto a seconda del corpo.

Tavola LXVII. 1, Ufficiale d'artiglieria in grande tenuta. 2, Id. id in piccola tenuta invernale. 3, Caporale id. 4, Artigliere di prima classe. 5, Tamburino 6, Cannoniere di 2a classe in piccola tenuta o tenuta di marcia, invernale. 7 Cadetto di Pionieri fuori servizio. 8, Id. id. sotto le armi. 9, Pioniere. 10, Tamburino id. 11, Ufficiale di Piazza 12, Trabante (Epoca 1831-32).

Nota La scena è posta sopra uno dei bastioni della cittadella di Modena a nord-est della città (baloardo delle breccie"); sullo sfondo, verso sud, al di là della piazza d'armi, si vede la città e più lontana la retrostante campagna. Il nuovo piano dell'artiglieria portava — al 18 luglio del 1831 la forza seguente: 1 capitano, 1 tenente, 1 s. tenente, 1 s. tenente "banderale" 2 sergenti, 2 caporali, 2 s. caporali, 2 cadetti, 12 cannonieri di 1a classe, 68 di 2a. Totale 92. Per questo piano si richiedeva un aumento di 1 sergente, 2 caporali, 2 sottocaporali, 3 cannonieri di 1a classe e si rinunziava a 8 cannonieri di 2a una semplice trasformazione che non sappiamo sia poi stata accordata. Sappiamo soltanto che il tamburino (n. 5) è citato al 19 agosto 1832. e che il cannoniere di 1a cl. (n. 4) continua col suo distintivo ~~~~~~~~~ del bastone ~~~~~~~~~~~~~~~~~. ~~~~~~~~~~~~~~~~~~~~ Il n° 7 ha lo spadino-briquet concessogli il 26 luglio 1831; il n° 8 ha la buffetteria tutta nera decretata il 3 luglio suddetto; del n° 10 si parla in agosto 19 del 1832. Del n° 11 (Ufficiale del Comando di Piazza) si parla al 1° giugno del 1831 e il n° 12 (Trabante) riceve i pantaloni lunghi turchini (della foggia generale così detta "a campana") al 26 marzo del 1832 — (I pantaloni "chiariari" del n° 2 sono semplicemente "tollerati").

Sottonota (*) Il n° 7 è cadetto semplice; il n° 8 è cadetto graduato da caporale; perciò ha le spalline di lana gialla, ma non ha lo spadino-briquet, ma la sciabola perché è in servizio sotto le armi.

Tavola LXVIII. N° 1 Maresciallo di Dragoni a cavallo. 2 Id. di Dragoni a piedi fuori servizio. 3. Id. in servizio e tenuta ordinaria. 4 Id. giacchetta grigia per servizio di quartiere. 5 Alunno Dragone. 6 Dragone in giacchetta di tela. (Epoca 1831-33) 7 — in gillet

Nota Si suppone un interno di quartiere con scuderia. Il corpo reale dei Dragoni riceve al 7 dic. 1831 una nuova organizzazione, in seguito alla quale esso sarà suddiviso in 3 compagnie; la 1a tutta a cavallo, la 2a e 3a tutte a piedi. La prima avrà 72 comuni e 2 trombe oltre i soliti ufficiali e sottoufficiali; la seconda e terza 84 comuni per ognuna. Gl'ufficiali saranno: 1 maggiore comandante; 1 chirurgo, 2 capitani; 1 capitano-tenente (per la 2a a piedi). 2 tenenti, 3 sottotenenti, 1 maresciallo d'alloggio f.f. d'ajutante; 5 marescialli d'alloggio semplici; 30 brigadieri. Totale del corpo: 288. In quanto riflette l'uniforme fu prescritto al 9. agosto 1831 che il cinturone della sciabola si tenesse al di sopra della giubba (n° 1) e si deliberò lo speciale armamento dei marescialli a p° (n: 2 e 3). La giacchetta grigia dee n° 4 fu decretata il 7 ottobre del 1833. Il gillet del n° 7 è eguale per tutti i corpi e si chiude con ancinelli ~~ in ferro invece che con bottoni.

Sottonota ~~~~~~~~~~~~~~~

Tavola LXIX. 1 Capo-musica del battaglione di linea (battaglione estense). 2, Tamburino maggiore maggiore. 3, Bandista in capello. 4, Id. in sakò (entrambi di 1a Classe ed in gran tenuta). 5, Id. id.

[(1)] Non vi era distinzione possibile di grado fra tenenti, sottotenenti e sottotenenti banderali, avendo tutti e tre un solo ed unico gallone d'oro al già; così neppure fra il capitano e capitano-tenente avendo entrambi lo stesso gallone doppio. Nè vi era, supra, distinzione alcuna fra i ~~ sergenti avendo essi pure lo stesso gallone doppio in seguito eguale per tutti.

in tenuta ordinaria - 6, Piffero di fanteria passato alla Musica come in sopranumero dopo la soppressione dei pifferi nella fanteria - 7, Caporale (o maestro) tamburino - 8, Musicante col cappotto vecchio - 9, Id. col cappotto di nuovo modello - 10, Tamburino - 11, Zappatore - 12 e 13, Garzoni di compagnia in cappotto ed in giacchetta. (Epoca 1832)
1848

Nota La Banda musicale è preceduta in parata, dal Tamburino maggiore - I bandisti sono divisi in classi: la 1ª ha gl'ornamenti in argento, la 2ª in lana - Così pura la bandoliera del maestro tamburo è ornata in lana mentre quella del tamburino maggiore lo è in argento - Nel cappello d'alta gala la banda non porta le polpette ⬤ tutti blu e lettera arma i fiocchetti 𝄞 d'antica moda. La placca della bandoliera del maestro tamburo è in ottone, quella del tamburino maggiore in argento - Infine il piffero passato alla Banda, fa parte della 3ª classe la quale non ha il pennacchio e porta la sciabola di fanteria (a bandoliera) e non il briquet che si porta invece a cinturino - I due garzoni di compagnia hanno i pantaloni da borghesi.

Tavola LXX. 1 Principe Ferdinando Carlo Vittorio Emanuele d'Este, secondogenito del Duca, colonnello-proprietario del Battaglione "Cacciatori del Brignano". 2, Ufficiale del Battaglione ad latus del Principe - 3, Ufficiale del Battaglione Urbano, id. id. - 4, Uff. del Battaglione Cacciatori suddetto in piccola tenuta - 5, Id. id. in alta tenuta estiva e di Corte - 6 Sergente. 7, Caporale (in cappotto). 8 Sotto caporale (in pantaloni di tela) 9, Trombettiere - 10, Cacciatore. 11 Guarda-boschi militare del Bosco reale di S. Felice (Epoca 1831-48)

Nota. La scena figura ancora Paullo, capoluogo del Brignano e sede della 1ª compagnia del Battaglione. Il Principe è fatto colonnello proprietario soltanto al 6 dic. del 1835, ma il battaglione esisteva già fin dal giugno del 1831. L'ufficiale ad latus, n° 2, ha la banda in oro ai pantaloni per gran gala ed il n° 5 ha il cappello in battaglia per intervento di gran gala e corte. Il cappotto del n° 7 fu dato in sostituzione della tabarrica, specie di corto mantello (pellegrina) che non doveva giungere che a metà coscia, ma la cui idea fu abbandonata ancor prima d'aver un principio d'esecuzione. Come si vede il cordone verde non lo portano altro che i graduati sottoufficiali e cioè sergenti e caporali; non i sottocaporali che non sono considerati come sottoufficiali - I pantaloni abottoni chiaveari del Principe erano di tolleranza e potevansi portare anche in servizio.

Tavola LXXI - 1, Ufficial superiore comandante il Battaglione - 1° Reggimento - dei Militi volontari di Modena - 2, 3, 4 Ufficiali del medesimo - 5, Tamburino maggiore id. - 6, Capo Musica id. - 7, Bandista di 1ª classe id. - 8, Id. id. - 9, Bandista di 2ª classe - 10 Sergente id. - 11, Cavalli con bardatura da ufficiale superiore e da ajutante id. (Sono soldati militi Volontari di Modena tutti quelli che hanno mostre e pantaloni bleu barbeau e bottoni bianchi - Sono militi-giovinetti tutti quelli id. (12 e 13)) - 14 Ufficiale superiore comandante il Battaglione - 1° Reggimento - dei Militi Volontari di Reggio - 15, Ufficiali del medesimo - 16, Id. in p. tenuta - 17, id. in cappotto - 18 sottoufficiale id. (Sono Militi Volontari di Reggio tutti quelli che hanno mostre e pantaloni turchino scuro e bottoni gialli - Sono militi giovinetti tutti quelli id. (19 e 20) (Epoca 1832-45)

Nota La scena rappresenta una specie di kermesse militare; un convegno di Militi Modenesi in corpo coi militi Reggiani e nel territorio di quest'ultimi. La striscia d'argento e d'oro ai pantaloni degli ufficiali superiori, furono date il 3 dicembre 1839. La Musica pare non s'abbia altro che il battaglione di Modena; per lo meno quella di Reggio non è mai nominata ma doveva certamente averla anche questa e cogli stessi distintivi un in oro, o giallo, e bleu oscuro. Essa musica si divideva prima in alta e Bassa musica, la prima colle guarnizioni in argento e la seconda in lana; poi nel 1834 apparisce divisa in musicanti (a bande?) di 3 classi; la prima ornata in argento, la 2ª in seta, la 3ª in cotone. I militi giovinetti fecero la loro comparsa nel 1834.

(Errata corrige) Per effetto delle varie date in essa comprese questa Tavola deve avere il Nº LXXIII e la successiva il Nº LXXII. Le correzioni sulle
(correzioni) Dato pronto essa avrà ricevuto le già nuovo vecchio abbellimento del Militi urbano

Tavola LXXII — Nº 1, Ufficiale di Cacciatori Militi Volontari — 2. Sottoufficiale (Sergente) 3. Sotto caporale id 4. 5. Soldati id. — 6. Ufficiale d'Artiglieria coi pantaloni di p. tenuta. 7. Conducente del Treno d'Artiglieria col cappotto modello 1844 — 8 Ufficiale di Fanteria coi pantaloni di p. tenuta — 9. Battaglione Urbano coi pantaloni turchini. 22 oct. 1832. 10 Soldato di Fanteria in cappotto. 11. Soldato di fanteria col cappotto bianco "agnino" per servizio di sentinella (20 Nov. 1834) 12. Compagnia mista di deposito che ha ottenuto le mostre bianche (12 giugno 1834) (Epoca 1832-45) Essa è figurata col placo d'altro modello non essendo presumibile che fate

Nota La costruzione in fondo è la cittadella di Modena vista dal rondò della Piazza d'armi. La montura (abito) nera dei numeri 6 e 8 non è indicata in alcun luogo, ma se tali l'avevano, oltre l'ufficialità austriaca, il da dopo evidentemente s'inspirò alla tenuta del piccolo esercito modenese, anche l'ufficialità toscana che seguiva lo stesso andazzo ci, più ancora, quella della Milizia volontaria estense medesima, non si può certamente escludere che la indossasse anche l'ufficialità dell'esercito regolare del Ducato di Modena.

Tavola LXXIII — Nº 1. Ufficiale comandante il nuovo plotone. Treno d'artiglieria da campagna 8 giugno 1833 - 2 Sottoufficiale id. - 3 e 4 Conducenti id. 5 e 6 Id. in cappotto mantello, giubba sbrotto (Epoca 1833-44-48)

Nota Siamo ancora in piazza d'armi di Modena. (Mio figlio ha lavorato in questa tavola)

Tavola LXIV — Nº 1 Tenuta degl'Ufficiali ai balli di Corte 1835 (Cappello in battaglia e pantaloni di panno con banda d'oro o d'argento secondo i bottoni) Nº 1 S.A.R. Il Duca in tenuta di Maresciallo Austriaco, che era la sua prefenita. 2. Principe Ereditario arciduca Francesco in qualità di colonnello-proprietario del Battaglione di Linea (1837) - 3. Principe secondo genito Ferdinando Carlo colonnello proprietario del Battaglione Cacciatori del Frignano (18.. 4. Ufficiale di Granatieri del Batt.ne di Linea - 5. Id. dei Trabanti - 6. Id. dei Fucilieri di Linea - 7. Id. dei Cacciatori del Frignano - 8. Id. dei Dragoni - 9. dei Veterani. 10. del Genio. 11. del Battaglione Urbano. 12. Id. dei Pontieri (o Pionieri) - 13. dei Cacciatori Militi Volontari. 14. dei Militi Volontari di Modena e di Massa - 15. dell'Artiglieria - 16. dei Militi Volontari di Reggio - 17. Commissario di Polizia - 18. Ufficiale del Treno d'Artiglieria - 19. Id. Pensionato - 20. Impiegato Militare (Dragona in argento) 21. Medico non laureato (senza dragona) - (Epoca 1835-42)

Nota - Veramente il testo del documento dice che i pantaloni siano turchini, ma ciò non specifica i corpi e quindi noi appoggiati alla pratica delle armi abbiamo di tali costumanze non abbiamo esitato a farli invece del colore assegnato a ciascun corpo. Il dire "pantaloni turchini" può esser derivato dal fatto che la grandissima maggioranza dei corpi esistenti in Modena (cittadina non di tutti) portava appunto pantaloni turchini (Pompiers in genere, fanteria, magazzi, Artiglieria, Geni, medici, urbani, Veterani, Trabanti)

Tavola LXXV — N°1 Comandante delle due "lancè" armate nel porto di Massa (Mar Tirreno) e dei Militi Bersaglieri Guardacoste (1833) — 2 Sergente dei Cannonieri-Guardacoste di Massa (1838) — 3 Caporale di Militi Bersaglieri Guardacoste di Massa (1837) — 4 Ufficiale dei Militi Volontari di Massa (1835) — 5, Banda militare di Massa (1835 e 1836) — 6, Dragone con fodero della sciabola in ferro (1835) — 7, Cacciatore Milite Volontario a cavallo — 8, Cacciatore Milite Volontario della Lunigiana — 9 milizia forese (1833-45) — 10 Banda Civica di Castelnuovo (1844). (Epoca 1833-45)

Nota   La documentazione archiviale offre qui parecchie lacune — Dei Cacciatori a cavallo non se ne parla che in una specie di tariffa che li da per già soppressi nel 1845 — del resto nulla sulla loro organizzazione; poche e vaghe notizie sul loro uniforme ed armamento — Anche dei Bersaglieri Guardacoste e dei Cannonieri Guardacoste si parla vagamente e soltanto si può desumere che i loro rispettivi uniformi fossero quali si vedono in questa Tavola e che i secondi subentrassero in progresso di tempo ai primi. Del rimanente, i Cacciatori della Lunigiana (da Luni antichissima città etrusca nel golfo della Spezia), detti anche "Cacciatori di montagna", Bersaglieri volontari di Avenza e Carrara e militi Volontari di Massa e di Carrara non formavano che un unico Battaglione, detto "Battaglione militi Volontari dell'alto Appennino". Nobili che i Militi Volontari che formavano ad un dipresso fra i Volontari quella che si direbbe truppa di linea avevano la presso uniforme dei Militi Volontari di Modena, onde questa specie di Milizia aveva il seguente uniforme:

(1) —

Volontari Militi di Modena ——————— Abito bianco, pantaloni morti bleu barbeau bottoni bianchi
   "   "   di Massa e Carrara —— "   "   "   "   turchino scuro " giallo
   "   "   di Reggio

Cacciatori " Volontari di Modena
   "   "   "   della montagna reggiana
   "   "   "   della Lunigiana   } Abito e pantaloni color marengo
Bersaglieri "   "   di Massa ed Avenza.   } Bottoni bianchi
                                                          montura verdi

La Banda musicale del Battaglione Volontari di Massa abbandonò i rovesci del petto in bleu barbeau (fig 5) nel 1844, adottando in sua vece una sola fila di bottoni in mezzo al petto.
La scena rappresenta uno sfondo di mare verso ovest con le due "lancè" delle quali si vedono solo gl'alberi: una già armata per escursioni, l'altra in disarmo.

Tavola LXXVI N°1 Mezza compagnia per le torri di Brescello 1836 - Ufficiale comandante 2, Ufficiale — 3, Cadetto Sergente — 4, Sergente — 5, Caporale — 6 Maestro - capo barcaiolo (1837) 7, Maestro-barcaiolo in cappottino a cappuccio — 8, 9 Soldati rematori — 10 soldato — 11 Piantone (1837) — 12 Soldato in tenuta di tela — 13 Soldato-operaio falegname in tenuta invernale da lavoro (in panno grigio) e grembiule di tela — 14, Id. id. fabbro-ferraio in tenuta estiva da lavoro (in tela a righe turchine) e grembiule di cuoio (Epoca 1836-48).

Nota. Questa mezza compagnia fu creata precisamente il 22 ottobre 1836 per guernire le nuove torri di Brescello sul Po punto di difesa contraria del Ducato verso nord-est, (e dal quale il duca scampava e ritornava al tempo delle rivoluzioni) Essa apparteneva veramente all'arma d'artiglieria una vestitura di più ricca — Col tempo ebbe gl'alunni (1838) e s'ingrossò al punto di divenire una vera e propria compagnia (1839) I Piantoni fissi delle torri (n° 11) restavano come la compagnia dei Veterani — Il luogo è preso dall'esame di serie fotografie e schizzi topografici fatti venire appositamente da Modena e da Brescello. Le torri furono abbattute nel 1861 o 62.

Tavola LXXVII — N°1, Ufficiale superiore del Battaglione Estense (1837) - 2. Cadetto-sergente in tenuta fuori servizio (ossia in tenuta da passeggio) col gallone dorato al giaco (1838) e forma di questo alla nuova moda austriaca del 1837 - 3 Sergente id. (che ha ottenuto la stessa autorizzazione) - 4. Soldato id. che porta ancora il sako d'antico modello e coi "salsiccielli" al cappotto △ (1837) - 5. Ufficiale di Artiglieria colle bande rosse anziché nere ai pantaloni (1838) - 6. Caporale Artigliere di 1ª Classe colla granata d'ottone sulla bandoliera per distinzione del suo grado (1839) (non più il bastone) e 7 e 8 Artigliere in grande e piccola tenuta - 9 Ufficiale id in p. tenuta 11, 12 e 13 Ufficiali dei Militi Volontari di Modena colla pettorina bleu barbeau (1839) in p. tenuta, in cappotto - 10 Ufficiale superiore di Militi Cacciatori o Bersaglieri colla banda d'argento ai pantaloni.

Nota ~~...~~ (Epoca 1837-45)

Tavola LXXVIII. 1 Generale Comandante - 2 Capitano di Linea, Ajutante di campo - 3 Guardia Nobile d'onore - 4 e 5 Trabanti in tenuta di grangala (1842) - 6 Id. in tenuta ordinaria 7 Ufficiale di Dragoni colle forniture in oro (1842) - 8 Maresciallo di Dragoni - 9 Id. id a piedi coi "salsiccielli" sulle spalle (1845) - 10-11 Ufficiale e soldato della Milizia Volontaria del Massese (Militi Volontari di Massa) nella nuova tenuta grigia e verde (1845) - 12 Ufficiale del Genio - 13 ~~...~~ col nuovo cappello appennacchio di penne ~~...~~ (1848) - 14. Ufficiale di Veterani col giaco all'austriaca 1837 - 15, Sottotenente sandrale colla nuova bandiera del nuovo 1° Battaglione di Linea (1848) - 16 Id. id. del 2° id. (1848) (Nuove formazioni) - 17 Granatiere di Linea - 18 Fuciliere di Linea (Epoca 1842-48)

Nota importante — I n.ⁱ 2, 15, 16 e 18 sono coperti da una nuova forma di giaco del quale non vi è traccia alcuna nei documenti che abbiamo sottomano. Ciò non toglie che essa forma non sia la vera forma di giaco in uso nel 1848 e ciò per le seguenti ragioni - 1ª Essa ci fu indicata per tale da un testimonio di vista, un curato-parroco di Bologna che visitò le Corti di Modena e di Parma nel 1835 o 38 e che interessandosi molto di costumi militari li copiò e ne fece un album che ebbe la bontà di lasciarmi copiare nel 1863. (Credo che egli viva ancora) - 2ª Il governo provvisorio del 1848 fece alcune varianti all'ornamentazione del giaco, ma non ne modificò la forma. Il Duca Francesco V°, ritornando nei suoi stati nel 1848 (agosto) e rinnovando le uniformi nel 1849, ~~...~~ non pensò di rinnovarne la forma. Se dunque la forma del giaco del 1849-50 ~~...~~ non fu modificata né dal Governo Provvisorio del 1848 né da quello del Duca nel 1849, vuol dire che essa forma esisteva prima del 1848. - 3ª Il Governo Piemontese avea già adottata tale forma fin dal 1842; il Toscano la seguì, per i Granatieri, in aprile 1848; i Francesi l'avevano di già; la Repubblica Romana la adottò nel 1849. Era dunque una forma già in uso, benché da poco tempo, negli eserciti e se è vero che l'Esercito austriaco fece la campagna del 1848 e 1849 col giaco modello 1837 è pur anche vero che io ho visto in Imola nel 1853 un soldato austriaco di fanteria (mostre color feccia di vino) coll'abito a coda; ciò che vuol dire che l'Esercito austriaco era molto lento nelle sue riforme.

Quinto Cenni

TAVOLE

UNIFORMOLOGICHE

DEL DUCATO DI MODENA

PARTE SECONDA

Note alle tavole a colori

Queste tavole fanno riferimento al periodo che va dal 1819 al 1859, vale a dire nel periodo che intercorre con la fine del congresso di Vienna fino alla caduta del ducato a seguito della seconda guerra d'indipendenza nel 1859. Nelle ultime pagine appaiono anche tavole riferite al periodo di cattività nel Lombardo-veneto austriaco dopo il 1860 fino alle ultime uniformi modenesi ormai sciolte nell'esercito asburgico.

Tutti i figurini pubblicati su questo libro sono opera di Quinto Cenni e fanno parte della collezione privata raccolta alla fine dell'ottocento dal Dott. H. J. Vinkhuijzen ora di proprietà della New York Public Library cui va tutto il nostro ringraziamento per la gentile concessione.

Ogni tavola ha subito una radicale pulizia grafica da graffi, segni e usure del tempo. Tutte le indicazioni riportate, quando presenti, si rifanno agli originali testi inseriti dall'artista ai piedi, a lato delle tavole o sul retro delle stesse.

Panoplia dell'armata ducale modenese

Corpo dei dragoni reali 1822

Accademia estense 1822

Truppe del genio, Artiglieria e trabanti 1824

Ufficiali in ballo di corte 1828

L'esercito del ducato di Massa e Carrara 1815

Rivista militare a Modena 1830

"Segnali" di lutto 1830

63

Fuga del Duca 1831

Battaglione cacciatori del Prignano 1831

Compagnia di Guardia 1831

Soldati e ufficiali del genio 1831

Battaglione estense di linea 1832

Dragoni ducali 1833

Banda musicale del battaglione estense 1833

Mappa e araldiche dei governi provvisori del 1831

Battaglione cacciatori del Prignano con Principe colonnello 1835

Kermesse di militi volontari di Modena e Reggio 1839

Treno d'artiglieria 1840

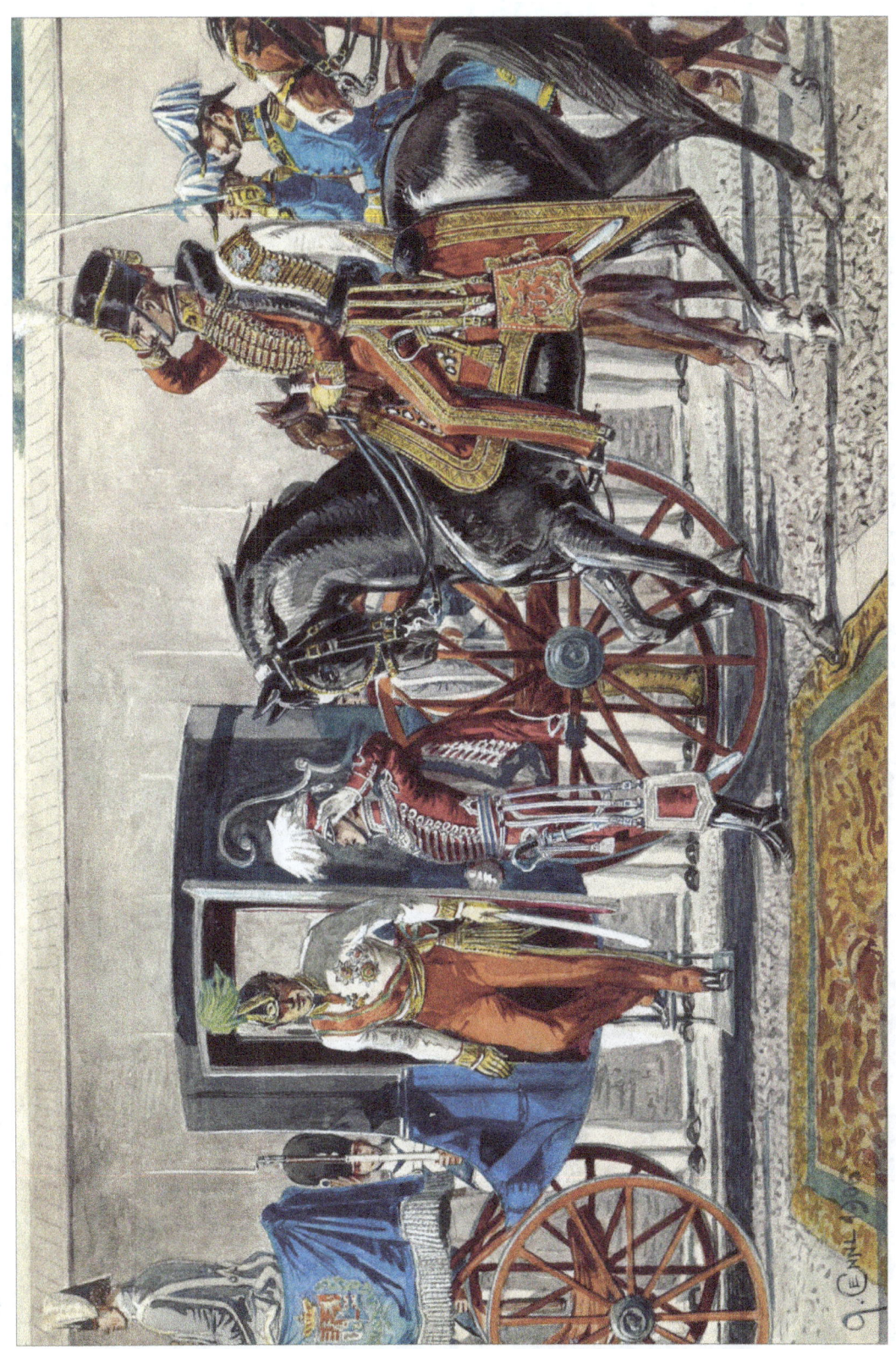

L'arciduca d'Austria Massimiliano d'Este fratello del duca in tenuta da generale di cavalleria 1840

Ballo di corte 1842

Le Guardie nobili d'onore di Modena, Reggio, Massa e Carrara 1843

Cacciatori militi volontari 1844

Mezza compagnia per le torri di Brescello 1845

Marina modenese 1845

Fanteria e artiglieria sui bastioni di Modena 1845

Le bandiere della brigata estense 1848

Le truppe estensi dopo la rivoluzione 1848

Una rivista in piazza d'armi - la compagnia artiglieri attende il suo turno ottobre 1849

La rivista in piazza d'armi - la compagnia pionieri e artiglieria montata attende il suo turno ottobre 1849

Una rivista in piazza d'armi - 7a divisione cacciatori del Prignano pronta 1849

Una rivista in piazza d'armi -passa la coda del reggimento estense 1849

Una rivista in piazza d'armi - passa la bandiera ottobre 1849

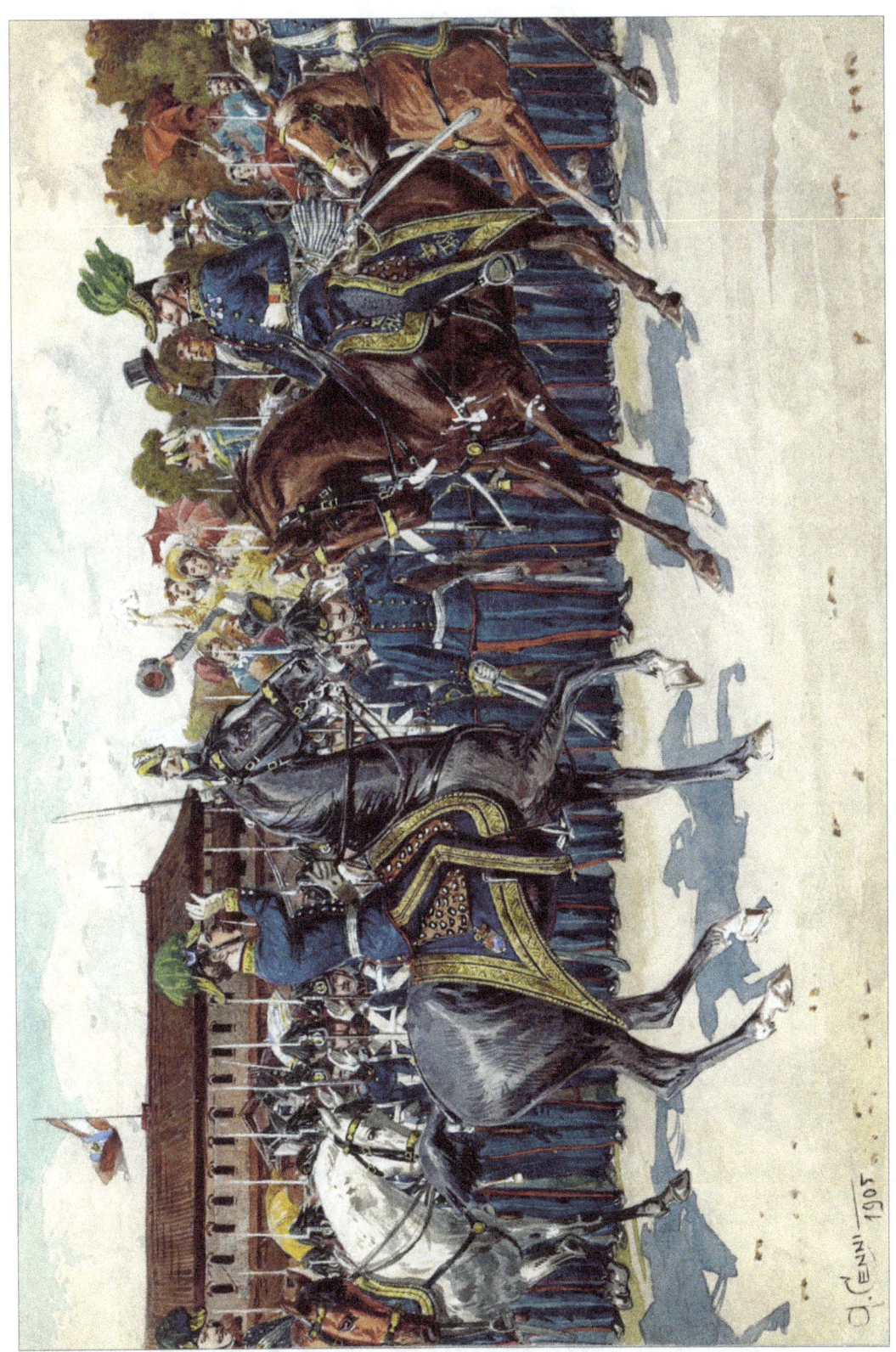

Una rivista in piazza d'armi - il generale viene a prendere gli ordini 1849

Una rivista in piazza d'armi - schieramento Guardie nobili d'onore 1849

Una rivista in piazza d'armi - il Duca si reca al posto d'onore 1849

Il battaglione estense nella campagna di Toscana - marcia su Livorno maggio 1849

Dragoni e gendarmeria 1849

Artiglieria e genio 1849

Nel salone del palazzo ducale il giorno del ricevimento a corte 1850

Fanteria di linea 1850

Tamburo maggiore e staff musicale 1850

3° Battaglione cacciatori del reggimento estense di linea 1850

Tamburo maggiore e capi musica di fanteria 1850

Il reale corpo dei dragoni 1850

Cambio della Guardia - allievi dell'accademia militare estense 1853

Le milizie: guardia di finanza, veterani e tenute varie 1853

Trabanti e Guardia nobile 1854

La musica del regio estense in linea di marcia 1853-1859

Nella nuova piazza d'armi: musica e riposo 1858

Ufficiali militari vari in piccola tenuta 1850-1859

Commissariato di guerra , dragoni, musicanti e granatieri 1858-1859

Ufficiali di fanteria 1859

Truppa di fanteria 1859

Genio e scuola militare 1859

Il duca coi suoi aiutanti 1859

Guardia nobile 1859

Guardia nobile 1859

Dragoni e gendarmi 1859

Artiglieria di campagna 1859

Artiglieria e stato maggiore 1859

La brigata estense in riserva sotto Mantova la giornata di Solferino giugno 1859

La difesa del ducato sul Po: testa di ponte di Brescello 1860

La difesa del ducato sugli Appennini e nella Garfagnana 1860

Milizia territoriale 1859

Brigata estense un torneo di ufficiali in Bassano 1861

Brigata estense : compagnia spingardieri, trasporti militari e sanitaria 1861-1863

Brigata estense fanteria 1862

Brigata estense artiglieria 1862

Brigata estense cavalleria 1862

Duca di Modena col suo Stato maggiore nel 1862

Brigata estense scioglimento del coprpo e assegnazione della medaglia commemorativa 1863

Mesto saluto 1863 (tavola incompleta)

Un 'ultima rivista.. 1863

25 settembre 1863 ultimo giorno del Ducato (in titolo) la consegna delle bandiere

Stato maggiore in piccola tenuta 1863

La Real casa d'Este nell'Impero austro ungarico 1866-1906

INDICE:

* * *

BIBLIOGRAFIA ESSENZIALE:

-*Mauro Sabbattini*, Dizionario Corografico del Ducato di Modena, Milano, Stabilimenti Civelli 1854

-Atti e memorie della Deputazione di storia patria per le antiche province modenesi, Modena 1956 e 1986

-*Luigi Amorth*, Modena capitale, Martello editore, Milano 1967

-*Benedetti, Biondi, Boccolari, Golinelli,Righi*, Modena nella storia, Edizioni il Fiorino, Modena 1992

-*Silvio Campani*, Compendio della storia di Modena, Ediz. Aldine, Modena 1992

-*G. Carlo Montanari*, I fedelissimi del duca. La brigata estense, Edizioni il Fiorino, Modena 1995

-*Bruno Rossi*, Gli Estensi Mondadori, Milano 1972

-*G. Panini*, La famiglia Estense da Ferrara a Modena, Ed. Armo, Modena 1996

-Aedes Muratoriana, Modena 1977 Giornale della Reale Ducale Brigata Estense Ristampa anastatica

-*Nicola Guerra*, I filoestensi apuani durante il processo di unità nazionale: condizioni sociali e fuoruscitismo in "Rassegna Storica Toscana", Leo S. Olschki Editore, Firenze 2003

-*Alberto Menziani*, La caduta del ducato di Modena: dalla battaglia di Magenta ai trattati di Villafranca e di Zurigo, in "Atti e Memorie della Deputazione di storia patria per le antiche provincie modenesi", s. XI, vol. XXXIII, 2011, pp. 231–260.

-*Claudio Maria Goldoni*, Atlante Estense Modena 2012

-*Giorgio Apparuti*, Ducato di Modena & Reggio: 1598-1859, lo Stato, la corte, le arti

-*Carlo Capra*, Ducato di Modena & Reggio (1700-1859) 1994.

- *Paolo Vasco Ferrari* , Ducato di Modena & Reggio 1598 - 1859 Lo stato La corte Le arti pubblicato dal Banco S. Geminiano e S. Prospero 2007.

QUADERNI CENNI

Prestigiosa serie di 20 volumi per veri collezionisti; basata sulle prestigiose immagini realizzate nell'arco di una vita dal più grande pittore militare e uniformologo Quinto Cenni. Questi quaderni spaziano a gran parte degli stati pre-unitari italiani e non solo. Libri realizzati nel formato 20,5 x 25,5 composti da 100/150 pagine a colori e le tavole a piena pagina ed un prologo a commento delle uniformi trattate e della vita di Quinto Cenni. La serie si completerà nel corso del 2016.